Harry H. Binder
Der Philosoph, der in den Brunnen fiel,
und andere Geschichten

Herrn
Michael Gondosch
mit den besten Wünschen
von
Harry H. Binder
19.03.2010

Harry H. Binder

Der Philosoph, der in den Brunnen fiel, und andere Geschichten

Tatsachen, Legenden und etwas Fantasie

Re Di Roma-Verlag

Bibliografische Information der Deutschen Nationalbibliothek:
Die Deutsche Nationalbibliothek verzeichnet diese
Publikation in der Deutschen Nationalbibliografie; detaillierte
bibliografische Daten sind im Internet über http://dnb.ddb.de
abrufbar.

ISBN 978-3-86870-138-8

Illustrationen von Dieter Hermenau, Freiberg

Lektorat durch Werner Forneberg, Bremen

www.rediroma-verlag.de
14,95 Euro (D)

„Niemand irrt für sich allein,
er verbreitet seinen Unsinn
auch in seiner Umgebung."

Seneca

Meiner Familie

Über den Autor

Diplom Physiker und Chemiker Harry H. Binder, OStR i.R., aus Erlangen/Hermannstadt, war viele Jahre in der chemischen Industrie und in der physikalischen Forschung auf den Gebieten der Radiochemie, Reaktortechnik, Teilchenphysik und Protonen-Therapie tätig.

Über zwanzig Jahre unterrichtete er im höheren Lehramt an Gymnasien, Fach- und Berufsoberschulen die Fächer Mathematik, Physik und Chemie.

Der Autor hat zwei Bücher, eine *Formelsammlung für Physik* und ein *Lexikon der chemischen Elemente,* das als Standardwerk der Chemie gilt, veröffentlicht. Daneben sind von ihm zahlreiche Beiträge in Fachzeitschriften erschienen. In den letzten Jahren hat sich der Autor intensiv mit Geschichte der Philosophie und der Naturwissenschaften beschäftigt.

Inhaltsverzeichnis

Vorwort

Ja, bei allem Ernst des Lebens darf auch mal gelacht werden, denn Lachen gehört zum menschlichen Gemüt, wie der Radi und die Brezeln zum Bier. Lachen ist die beste Medizin und tut der Psyche gut und das ist nicht nur eine Binsenweisheit, sondern eine wissenschaftlich nachgewiesene Tatsache, denn wer lacht, lebt länger und vor allem gesünder. Schon im Altertum wurde viel und lauthals gelacht, bis die Balken krachten, und durch den grotesken Sturz in den Brunnen des ältesten der alten griechischen Philosophen beginnt auch die Geschichte der Philosophie mit einem Witz. Um auch Sie, lieber Leser, zum Lachen anzuregen und Ihre Gesundheit zu fördern, habe ich in diesem Buch versucht, philosophische und wissenschaftliche Themen mit Legenden, ein wenig Geschichte, der nötigen Einfühlungsgabe und vor allem mit Humor aufzuheitern.

Die kuriosen Geschichten über antike Philosophen, mittelalterliche Alchimisten und neuzeitliche Wissenschaftler geben uns genügend Gelegenheiten zum Lachen, sie sollen uns aber ebenfalls zeigen, dass auch berühmte Denker, Gelehrte und Forscher ganz normale Menschen mit Stärken und Schwächen, Menschen wie du und ich, waren. Natürlich ist über das Leben der Menschen im Altertum oder im Mittelalter und oft auch in der neueren Zeit nicht viel bekannt und so war es mir nur aufgrund allgemeiner Recherchen an den beschriebenen Orten und einer Portion Phantasie möglich, mir den Alltag vergangener Zeiten überhaupt vorzustellen.

Vor allem für die junge Generation ist es wichtig, die Gedankengänge der antiken Philosophen, aber auch der mittelalterlichen und neuzeitlichen Denker, Theoretiker und Wissenschaftler zu erforschen und nachzuvollziehen. Sie sollen erkennen, wie mit einfachen Mitteln und geistiger Anstrengung große Leistungen erbracht werden können. Anhand der Beispiele aus dem Leben einiger berühmter Persönlichkeiten möchte ich bei unseren Jugendlichen die Liebe zu den Naturwissenschaften wecken und den Lesern dieses Buches den Einstieg in das wissenschaftliche Denken erleichtern. Wenn mir das gelungen ist, dann hat dieses Buch seinen Zweck erfüllt.

Trotz der Ernsthaftigkeit der behandelten Themen sollten wir aber auf Humor nicht verzichten und so komme ich nicht drum herum, ein Zitat zu erwähnen, an das ich mich in meinem Leben oft erinnern musste:

„Humor ist, wenn man trotzdem lacht."

Und um mit Humor zu beginnen und meine Schreibwut zu begründen, möchte ich es nicht versäumen, zur Klärung noch ein Gedicht von Eugen Roth beizufügen.

Ein Mensch, der Bücher schreiben wollte,
Besinnt sich plötzlich, ob er´s sollte.
Ob er, bis an ein heilig Wesen,
Dran Dichter und Verlag genesen,
Ein Mensch, der nicht nur las, der gar
Sich Bücher kaufte gegen bar.
Und den, weil selbst er nie geschrieben,
Die Menschen und die Götter lieben,
Ob er, gleichviel aus welchen Gründen,
Sich stürzen sollt in solche Sünden,
Wie sie im Himmel und auf Erden
höchst selten nur vergeben werden -
Der Mensch, der schon Papier erworben,
Hat anderweitig es verdorben.

Harry H. Binder, im Jahre 2009

Ganz nett, ein Philosoph zu sein

Als ich noch ein kleiner Junge war, konnte ich naturgemäß das Wort »phi-lo-so-phie-ren« noch nicht aussprechen. Trotzdem fand ich diese Beschäftigung aber ganz nett. Das kam daher, dass Herr *Quasselmann*, unser Nachbar, den ganzen Tag, allerdings nur bei schönem Wetter und wenn er nicht gerade vor der Glotze saß, vor dem Haus, auf seinem Hocker sitzend, in die Gegend starrte, sich mal kratzte, streckte und gähnte und gelegentlich an seiner Bierdose nippte.

Ab und zu suchte er sich aus der Vielzahl der Menschen, die an ihm vorbeiliefen, ein Opfer aus, das er für ein Schwätzchen interessieren konnte. Mit seiner tiefen Stimme quasselte er dann drauf los, wobei er eigentlich aber meist Selbstgespräche über Gott und die Welt, über Sport und Politik oder die damals neuen Tarzan-Filme führte. Auch das Thema Frauen kam bei den Gesprächen nicht zu kurz, denn Herr *Quasselmann* war seit vielen Jahren geschieden, und so wurde über Frauen ganz übel gelästert.

Mein Vater hatte für unseren Nachbarn nicht viel übrig und meinte: „Der »Kotzbrocken« sollte doch lieber arbeiten gehen, statt den ganzen Tag zu phi-lo-so-phie-ren"... und da war es gefallen, das Wort, das ich nicht aussprechen konnte, weil ich ja noch viel zu jung war.

Aber dieses Wort beschäftigte mich lange Zeit. Zwar wusste ich weder, was Phi-lo-so-phie-ren noch was Kotzbrocken bedeutet, und obwohl mein Vater mich auch nicht aufklären konnte, fand ich dennoch Philosophieren viel schöner, als in die Schule zu gehen.

Ein schönes Leben, dachte ich damals, denn während Vater und Mutter schon früh am Morgen in die Arbeit rannten und wir Kinder in die Schule trödelten, konnte Herr *Quasselmann* es sich leisten, vor dem Hause zu sitzen und zu philosophieren.

Erst viele Jahre später habe ich erfahren, was dieses Wort bedeutet und wie wichtig die Erkenntnisse der Philosophen von der Antike bis heute für den Fortschritt der Menschheit sind.

Vor allem das Wirken der antiken Naturphilosophen, die oft gleichzeitig auch Astronomen, Physiker und Mathematiker waren, hat den Impuls für die Geburt der späteren Naturwissenschaften gegeben, auf denen unser tägliches Leben beruht. Schon vor zweieinhalbtausend Jahren haben *Leukipp* und *Demokrit* den materiellen Ursprung unserer Welt erkannt und die Existenz der Atome als die Bausteine unseres Universums vorhergesagt, *Empedokles und Aristoteles* die Elemente als die Urstoffe unserer Welt beschrieben. Aber auch in der Astronomie und Mathematik haben sie Großartiges geleistet, wie *Thales,* der eine Sonnenfinsternis voraussagte, wie *Eratosthenes, der* den Umfang der Erde berechnete, wie *Euklid,* der die Grundlagen der Geometrie legte und wie *Archimedes, der* die Zahl π bestimmt hat.

Schon diese wenigen Beispiele können uns die Frage, was Philosophieren bedeutet, beantworten und die vielen Synonyme dieses Wortes können uns auch dessen Sinn verständlich machen. So verstehen wir unter »Philosophieren«, Nachdenken, Grübeln, Meditieren, Überlegen, Suche nach der Wahrheit, aber in der Umgangssprache manchmal auch Spinnen, Quasseln, Unsinn und dummes Zeug Reden wie Herr *Quasselmann.*

„Philosophieren heißt also, wenn man trotzdem denkt."

Der Traum
Feuer, das rätselhafte Wesen

Es war einer der letzten, schönen Spätsommerabende, als ich in Gedanken versunken, vor dem Kamin saß. Mein Blick schweifte durch das Fenster und ich sah im Schein der untergehenden Sonne die Wiesen und Wälder, in denen das Laub der herbstlich gefärbten Blätter durch das Licht in Gelb- und Rottönen strahlte, und ganz weit in der Ferne die verschneiten Gipfel der Berge.

„Wie schön doch unsere Welt ist“, dachte ich und fragte mich, ob sie denn schon immer so war und ob sie auch so bleiben wird. Das leise Knistern und das flackernde Licht des brennenden Holzes gaben mir ein angenehmes Gefühl von Entspannung und Ruhe und bald schlossen sich meine Augen und ich begann zu träumen.

„Träum doch nicht schon wieder“, hörte ich eine Stimme aus dem Garten, wo die beste aller Ehefrauen, nämlich meine, mit Biodünger aus Brennnesseljauche, die Umwelt schonend und die Nachbarn beglückend, ihre Pflanzen begoss und mich durch das Fenster vorwurfsvoll ansah.

„Störe meine Träume nicht“, erwiderte ich schon halb im Schlaf, doch auf meine pathetische Antwort ging sie nicht ein. „Du solltest lieber den Rasen mähen, dann hätten wir mehr davon.“ Ihre Worte hörte ich aber nur noch in weiter Ferne, denn längst war ich in meinem Traum versunken und der hatte es in sich.

Wie in einem Film sah ich Bilder vorübergleiten, die mich in frühere Zeiten versetzten, und schnell begriff ich, dass es eine Reise in die Vergangenheit war. Ich sah glückliche Menschen, aber auch blutige und verheerende Kriege, Not und Elend, die römischen Kaiser und die alten griechischen Philosophen. Und dann sah ich auch die seltsamen, mit Fellen bedeckten, kleinwüchsigen Geschöpfe aus der Spezies des »Homo erectus«, die ersten aufrecht gehenden Menschen, die vor über einer Million Jahren auf unserer Erde lebten. Sie pirschten sich im Jagdfieber mit Faustkeilen und Speeren vorsichtig an gewaltige Mammuts, die Urzeitelefanten, heran. Dabei dachten sie wohl an das rohe, blutige Fleisch, das sie, mit Beeren und Kräutern gewürzt, zusammen mit ihren Weibern verzehren wollten, und grunzten vor Freude.

Plötzlich zog mit lautem Donnern und Blitzen ein kurzes Gewitter über sie hinweg. Als es vorbei war, standen sie wie verzaubert vor einem seltsam leuchtenden Strauch, vor dessen Hitze sie zurückschreckten. Dann begannen auch die Büsche und Sträucher um sie herum lichterloh zu brennen, die lodernden Flammen kamen in Windeseile auf sie zu und sie rannten laut schreiend und lallend davon.

Nachdem das Feuer erloschen war, sah ich sie mit den Nasen in der Luft schnuppern, denn anscheinend lag ein seltsamer, aber angenehmer Geruch in der Luft. Sie folgten ihm vorsichtig und schließlich standen sie vor einem Mammut, das reglos auf dem Boden liegend, dampfend einen köstlichen Duft verbreitete. Bei diesem Duft vergaßen sie ihre Weiber, sie stachen und hackten mit ihren Faustkeilen große Fleischstücke aus dem halb verkohlten Tier und fraßen sich laut schmatzend und rülpsend voll. Als mich einer entdeckte, kam er mit wild schwingender Keule auf mich zugelaufen. Voller Angst wollte ich weglaufen, doch meine Füße waren schwer wie Blei und hielten mich auf der Stelle, schweißgebadet erwachte ich aus meinem Traum.

***

Blitz und Donner haben die Menschen seit jeher begleitet. Doch in der vorgeschichtlicher Zeit konnten sie diese Naturereignisse noch nicht deuten und glaubten deshalb an Dämonen und böse Geister, die ihr Unwesen trieben. Sie wussten aber, dass ihnen die Geister nichts antun würden, wenn sie sich von ihnen fernhielten und sie in Ruhe ließen.

Die hauptsächlich durch Blitze entfachten Busch- und Waldfeuer fürchteten sie aber sehr. Das Feuer war für sie ein rätselhaftes Wesen, ein unbezwingbarer, alles vernichtender Drache, vor dem sie fliehen mussten, um nicht selbst vernichtet zu werden. Später lernten die Menschen aber, das Feuer zu zähmen, und benutzten es nun selbst als Arbeitsmittel, vor allem aber als Waffe gegen ihre Feinde. Das Feuer bot ihnen Schutz gegen wilde Tiere, aber auch gegen Kälte und Dunkelheit. Sie konnten sich damit Wasser wärmen, Kräuter kochen, Fleisch braten, ihre Kleidung trocknen und es lieferte ihnen neben Licht und Wärme auch die für viele Zwecke verwendbare Asche.

Zu der Zeit war es nicht leicht, getrocknete Blätter oder Holz zum Brennen zu bringen. Dazu benötigte man einen Herd und ein Lager.

So hat das Feuer wie kein anderes Hilfsmittel den Menschen beeinflusst, sesshaft zu werden.

Die Bedeutung des Feuers für das Leben der Menschen auf der Erde war daher so groß, dass die Legende entstand, die Menschen hätten es von den Göttern erhalten. Die Götter aber saßen auf dem Olymp.

***

Und wieder war ich in meinem Traum unterwegs, diesmal auf dem *Olymp*. Hier oben herrschte ein reges Treiben. *Poseidon* und *Hades, Demeter* und *Hestia, Athene* und *Hermes,* und wie sie alle hießen, kamen und gingen, stritten und lachten und *Zeus,* der Obergott, hatte Mühe, Ruhe in den Haufen zu bringen, zumal auch *Hera,* seine Schwester und Gemahlin, ihn ständig anquatschte.

Nur *Prometheus,* Sohn des Titanen *Iapetos,* gähnte gelangweilt vor sich hin. Er sah hinunter auf die Erde, wie alles, mit grünen Ökopflanzen bedeckt, herrlich blühte, wie allerlei Getier sich seines Lebens erfreute. Es war ein idyllisches Bild, wie die Fische sich in den Gewässern tummelten, die Vögel durch die Lüfte schwirrten, Dinosaurier, Elefanten, Löwen und Tiger, Hasen und Mäuse sich ihres Lebens erfreuten. Doch irgendwie schien dieses noch nicht vollkommen zu sein, er vermisste den Kick, die Krönung der Schöpfung und überlegte, was hier noch fehlen könnte.

Aber plötzlich sprang er laut schreiend auf: „Ich hab's, ich hab's" und lief wie ein Irrer durch die Gegend, sodass *Zeus* nur so den Kopf schüttelte und wohl dachte, der sei meschugge oder hätte gar einen Dachschaden.

Prometheus jedoch hatte den genialsten Einfall, den ein Titanensohn nur haben konnte: ... „natürlich, die Menschen fehlten! Wer sollte denn sonst die Erde mit ihrem Geist beglücken?"

Ich sah, wie er sich an die Arbeit machte, aus Ton und Lehm die Menschen nach dem Ebenbild der Götter zu kneten und zu formen. Doch als er sie zum Trocknen aufstellte, drückte der Lehm nach unten, sodass bald alle schreckliche O-Beine bekamen. Ich wusste nicht, dass man auch im Traum lachen kann, aber ich konnte mich nicht zurückhalten und lachte ganz herzhaft vor Schadenfreude.

Nachdem die Menschen da waren und nackt in ihren Höhlen vor Kälte bibberten und mit den Zähnen klapperten, erbarmte sich *Prometheus* ihrer und überlegte erneut, wie er ihnen helfen könnte. Und wieder hatte er einen Geistesblitz: „Etwas Warmes braucht der Mensch, sie müssen sich wärmen, eine warme Brühe kochen, etwas Fleisch braten." Und tat dann etwas, was er bitter bereuen sollte. Denn zum Wärmen brauchten die Menschen Feuer, aber das »göttliche« Feuer auf dem Olymp stand unter der Obhut des *Zeus*, der dieses streng bewachte.

So kam der einfallsreiche *Prometheus* auf einen schlauen Gedanken. Spät in der Nacht, als *Zeus* endlich in den Armen einer seiner unsterblichen Geliebten schlief, entzündete er heimlich einen Holzscheit am Wagen des Sonnengottes *Helios* und brachte diesen flugs den Menschen auf die Erde.

Frühmorgens traute *Zeus* seinen Augen nicht und glaubte, sein Glasauge hätte einen Sprung. Denn als er nach unten auf die Erde blickte, sah er, wie die Menschen, fröhlich um ein Feuer sitzend, gebratenes Fleisch von den Knochen nagten und den jungen Mädchen zusahen, die, heftig ihre Hüften schwingend, mit Hula-Hopp-Reifen vor den Männern tanzten.

***

Als ich erwachte, erinnerte ich mich an die Legende, nach der *Zeus* schäumend vor Wut den Menschen zur Strafe die *Pandora* schickte, die Krankheit und Tod über sie bringen sollte. Für *Prometheus* aber hatte er sich etwas ganz Besonderes ausgedacht. Mitten im wild zerklüfteten Kaukasus, dem Hochgebirge zwischen dem Schwarzen und dem Kaspischen Meer, ließ er ihn an einen großen Felsen über einem tiefen Abgrund anketten, wo ihm ein *Adler* täglich ein Stück von der Leber fraß, das nachts immer wieder nachwuchs, um seine Qualen zu vergrößern. Hier sollte dieser widerwärtige Fiesling, der den ganzen Olymp in Verruf gebracht hatte, auf immer und ewig hängen bleiben.

Erst nach vielen Jahrhunderten grausamer Qualen konnte *Herakles,* ein Sohn des *Zeus,* das ewige Geheule und Gejammer von dem Felsen nicht mehr hören und zog mit Pfeil und Bogen aus, den Qualen ein Ende zu setzen. Er erschoss den *Adler* und befreite *Prometheus* endlich von seinem Leiden, der ohne ein Wort des Dankes auf Nimmerwiedersehen verschwand.

***

Der Zorn des Zeus war allerdings nicht unberechtigt. Nicht die Hula-Hopp-Reifen hatten ihn empört, sondern dass Prometheus den Menschen das Feuer gebracht hatte. Denn mit dem Feuer hatte er den Menschen zum ersten Mal die Herrschaft über eine göttliche Kraft, eine Urgewalt, gegeben, die nur den Göttern vorbehalten war.

Erde, Wasser, Luft und Feuer hatten für das Leben auf der Erde schon immer eine besondere Bedeutung und wurden bereits im Altertum zu den vier Elementen gezählt, aus denen unsere Welt besteht. Eine Meinung, die seit dem 6. Jahrhundert vor Christus über Aristoteles bis in das späte Mittelalter vertreten wurde.

Doch während die Erde, das Wasser und die Luft für sie greifbar waren, konnten sie das Feuer schwer einordnen und vertraten daher die Meinung, dass das Feuer göttlichen Ursprungs sei, ja in der griechischen Naturphilosophie galt es gar als der Ursprung der Welt.

Etwa 12.000 Jahre vor Christus erzeugten die Steinzeitmenschen das Feuer bereits selbst, indem sie bestimmte Mineralien gegen Feuerstein, eine Quarzart, schlugen, um dadurch Funken zu erzeugen, die trockenes Laub oder Gras entflammen ließen. Später erhielten die Steinzeitmenschen das Feuer, indem sie einen Stab in der Vertiefung eines Holzstücks quirlten. Dabei wurde Holzmehl abgerieben, das sich durch die Reibung erhitzte und entzündete. In den weiteren Jahren wurde Zunder verwendet, Zündröhrchen, Zündspäne und schließlich wurden um 1860 die Zündhölzer erfunden.

***

Längst haben die Menschen die Natur des Feuers erkannt und gelernt, mit ihm umzugehen. Aus dem rätselhaften Wesen ist ein alltägliches Hilfs- und Arbeitsmittel geworden, das aus unserem Leben nicht mehr wegzudenken ist. Aber auch heute hat das Feuer noch einen seltsamen Reiz. Kinder stehen verzaubert mit leuchtenden Augen vor dem im Kerzenschein strahlenden Weihnachtsbaum und am Lagerfeuer oder vor dem Kamin verleiht es einem ein eigenartiges Gefühl von entspannender Ruhe und Ausgeglichenheit, bei dem man seine Umwelt vergisst und, wie ich, ins Träumen fällt. Das Feuer ist eben doch ein rätselhaftes Wesen.

So, >ich habe fertig<, und jetzt werde ich den Rasen mähen, zur Freude meiner Frau, wie ich schon sagte, der Besten von allen.

Die Vorstellungen aus dem Altertum über das Feuer kommen den Auffassungen der heutigen Naturwissenschaften in vieler Hinsicht sehr nahe. Ersetzen wir nämlich das Wort »Feuer« durch »Energie«, so kommen wir zu der gleichen Schlussfolgerung, dass die Materie als eine besondere Form der Energie betrachtet werden kann.

Die in vielen Orten der Welt erfolgten Umwandlungen von Materie in Energie und umgekehrt, die auf der Sonne seit Milliarden Jahren ablaufenden Prozesse und vor allem die Theorie des Urknalls, nach der das Weltall in einer gewaltigen Explosion entstanden ist, bekräftigen die Vorstellungen der antiken Philosophen, die auch durch *Einsteins* berühmte Formel $E = m\ .\ c^2$, der Gleichwertigkeit von Masse und Energie, auf geniale Weise bestätigt wurden.

Um vor allem den jungen Leserinnen und Lesern meine Erzählungen näherzubringen und lebendiger darzustellen, habe ich diese von einem fiktiven Schüler erzählen lassen, der die Handlung in Form eines Dialogs zwischen Lehrer und Schülern in einem fiktiven Unterricht vorträgt.

Und jetzt lassen wir unseren Schüler zu Wort kommen!

»Das Wasser ist der Ursprung aller Dinge«
Thales von Milet

Thales, der Philosoph, der in den Brunnen fiel

Jedes Jahr weckte der September in mir gemischte Gefühle, denn einerseits war ich traurig, weil die Ferien zu Ende waren, andererseits freute ich mich aber auch, meine Schulfreundinnen und Schulfreunde wiederzusehen. Kaum zu glauben, aber die Schule hatte auch ihre schönen Seiten und Lernen macht ja manchmal auch Spaß.

Wie dem auch sei, zu Schulbeginn waren wir zunächst alle neugierig auf unsere neuen Lehrer, besonders aber auf unsere neuen Mitschülerinnen und Mitschüler. Da wir uns mit 16 Jahren schon einigermaßen erwachsen fühlten, interessierte uns vor allem das andere Geschlecht, dem wir von nun an größere Aufmerksamkeit schenken wollten.

In diesem Jahr wurde das neue Fach »Geschichte der Naturwissenschaften« eingeführt, um an Beispielen früherer Denker, Forscher und Entdecker auch bei uns die Liebe zu den Naturwissenschaften zu wecken. Da der Unterricht mit den griechischen Philosophen des Altertums beginnen sollte, erwarteten wir naturgemäß einen weißhaarigen, bärtigen, über den Brillenrand mürrisch blickenden alten Mann, mit Fliege und abgetragenem Anzug, eben so aussehend, wie wir uns einen Philosophen vorstellten. Wir waren daher ziemlich überrascht, als sich die Tür öffnete und ein junger Mann in Jeans, T-Shirt und Lederweste, mit langen, hinten zusammengebundenen Haaren, Dreitagebart, Schnauzer und Ohrringen eintrat, der sich als unser neuer Lehrer vorstellte.

„Dieser Möchtegern Macho soll unser Lehrer sein?", fragten wir uns erstaunt, aber bei unseren Mitschülerinnen schien der Hormonhaushalt völlig durcheinander geraten zu sein, denn sie verdrehten die Augen und starrten den jungen Lehrer so verdattert an, dass es uns, dem männlichen Teil der Klasse, direkt peinlich wurde.

Nach einer kurzen Einleitung begann der Lehrer – nein, er sagte uns nicht, dass er uns alle liebt, wie wir es aufgrund seiner äußeren Erscheinung erwartet hatten, sondern fragte uns ganz forsch und unverblümt, ob wir denn überhaupt wüssten, was ein »Philosoph« sei, denn, wie ich schon sagte, sollten wir ja mit den Philosophen des Altertums beginnen. Da es uns Jungs nun wirklich völlig egal war und unsere Mädchen mit ihren Hormonen noch immer im Clinch waren, den Lehrer anstarrten und keinen Ton herausbrachten, musste der Lehrer seine Frage selbst beantworten.

„Nun", erklärte er uns „das Wort »Philosoph« kommt aus dem Griechischen und bedeutetet »Freund der Weisheit« oder »Denker«. Dabei verstand man unter »Weisheit« jedoch weniger das theoretische Wissen eines Menschen als vielmehr dessen Lebenserfahrung, auf deren Basis der Philosoph versucht, die Wahrheit über die Welt zu finden."

Wir hörten gelangweilt zu, denn für Weisheit hatten wir damals null Bock. Und Sven, der lümmelhaft dasaß, bemühte sich, gerade durch sein Gähnen dem Lehrer sein besonderes Interesse an Philosophie zu demonstrieren. Unsere Schulfreundinnen hingegen begafften den Lehrer weiter und kicherten, während dieser verlegen grinste und fortfuhr: „Leider ist das menschliche Gehirn aber nicht dazu geschaffen, die absolute Wahrheit zu erkennen. Menschen können nämlich nur das erkennen und begreifen, was ihre Sinne ihnen vermitteln und was sie daraus ableiten."

„Wow, das haut mich um", meinte Marco, der den Lehrer fast intelligent ansah und sich an der Schläfe kratzte.

„Den Philosophen geht es aber nicht um die Dinge selbst, die sie umgeben", ergänzte der Lehrer, „sondern um das Wesen der Dinge, das heißt, woher alles kommt, was sich in so vielfältigen Arten und Formen in der Welt findet, ob alle Dinge einen gemeinsamen Ursprung haben und vieles mehr."

„Hört sich gar nicht so blöd an", stellte Alex geistreich fest.

„So", fuhr der Lehrer fort „beschäftigten sich die Philosophen des Altertums mit allem, was sie umgab. Sie beobachteten ihre Umwelt, den Himmel, die Sterne, die Erde, den Wind, das Meer, die Tiere, die Pflanzen, die Menschen und fragten sich, wie unsere Welt mit allem, was uns umgibt, entstanden ist und wer sie geschaffen hat, nach der Wahrheit über die Götter und dem Sinn des Lebens."

„Haben sie dann auch die richtigen Antworten auf ihre Fragen gefunden?", fragte Chris interessiert.

„Leider nur selten", antwortete der Lehrer, „die Philosophen befanden sich oft auf dem Holzweg und viele ihrer Wahrheiten entpuppten sich früher oder später als Irrtum, oft auch als Unsinn. Denn gemessen an dem heutigen Wissen, war der Wissensstand im Altertum sehr gering. Die Philosophen hatten damals aber auch keine Möglichkeiten, ihre Erkenntnisse zu überprüfen, und so konnten sie nur aus den Beobachtungen ihrer Umgebung Schlüsse ziehen, die sie dann als Wahrheit begriffen."

„Seit wann beschäftigten sich die Menschen eigentlich mit Philosophie?", wollte Wolfgang wissen.

„Eine gute Frage", meinte der Lehrer „natürlich wissen wir heute nicht genau, wann die Philosophie ihren Anfang nahm, oder gar, wer als Erster unter allen Menschen philosophiert hat. Seit es Menschen gibt, haben sie ihre Umgebung beobachtet und über viele Fragen nachgedacht, denn dadurch unterscheiden sich ja die Menschen vom Rest der Schöpfung. Anfangs waren es nur belanglose Fragen, zum Beispiel, wie man eine Nuss knacken oder einen Fluss überqueren kann. Und bald wurde ihnen bewusst, dass Holz im Wasser schwimmt und sie, darauf sitzend, auf die andere Seite des Flusses gelangen können, dass ein Stein zwar im Wasser untergeht, während er sich aber zum Knacken einer Nuss eignet."

„Das hätte ich auch gewusst", bemerkte Sven, dessen lockeres Mundwerk uns allen auf die Nerven ging, „ist doch logisch."

„Ja, ja, Sven der Schlaumeier", entgegnete ihm Niels, „wenn du so klug bist, warum sitzt du dann noch hier?"

„Natürlich wissen wir diese Dinge heute, aber damals mussten die Menschen zuerst selbst ihre Erfahrungen machen", erwiderte der Lehrer, „aber erst dann, als sie sich fragten: Warum schwimmt Holz im Wasser, während der Stein untergeht? Warum kann man mit einem Stein eine Nuss knacken, während sich Holz biegt oder bricht? Warum sind Steine härter als Holz? Wodurch unterscheiden sie sich voneinander? Bestehen alle Steine aus den gleichen Urstoffen? Ja, gibt es einen gemeinsamen Urstoff für alle Dinge auf der Erde? Erst dann begann das philosophische Denken, die Suche nach der Wahrheit, erst dann wurde die Philosophie geboren."

„So haben wir das nie gesehen", meinte Joel, „das ist ja sehr interessant."

„Nun, wie gesagt", fuhr der Lehrer fort, „die Geburtsstunde der Philosophie verliert sich im Dunkel früherer Zeiten. Mal wird sie nach, mal vor die Sintflut, ja sogar bis zu der Wiege der Menschheit verlegt."

„Dann können nur *Adam* und *Eva* die ersten Philosophen gewesen sein", bemerkte Bianka lachend.

„Die waren es bestimmt nicht", ergänzte Edi, „denn die mussten sich ja um die Fortpflanzung der Menschheit kümmern."

Alle lachten.

„... und mit *Eva* zu philosophieren, machte *Adam* bestimmt keinen Spaß, sie hatte ja doch immer Recht", fügte Alex hinzu.

Die Jungs lachten. Die Mädchen aber schauten böse drein. „Immer diese Sexisten, müsst ihr denn immer über die Frauen lästern", meinte Jana beleidigt.

„So ein Schwachsinn", erwiderte Marco und klebte seinen Kaugummi unter die Tischplatte, „steck doch lieber deinen Schnuller in den Mund."

„Ha, ha, ha, Dummkopf!", konterte Jana verärgert.

„Das hat ja nichts mit Sexismus zu tun, Jana", tröstete sie der Lehrer, „... doch Spaß beiseite, wer könnte dann der erste Philosoph gewesen sein?", fragte er.

Da sich niemand meldete, erzählte er uns von einem gewissen *Thales,* der in der Hafenstadt Milet gelebt haben soll.

„Heute gilt *Thales von Milet,* wie man ihn nannte, der im 7. bis 6. Jahrhundert vor Christus gelebt hatte, als der »Vater der Philosophie« und zählt zu den legendären »Sieben Weisen des Altertums«."

„Sven ist der achte Weise", fuhr Luka dazwischen und lachte.

„Halt die Klappe, Dämlack, du gehst mir auf den Keks", antwortete Sven erregt.

„Warum gleich so gereizt", fragte ihn der Lehrer und erzählte uns dann weiter: „Milet war eine antike, ionische Stadt an der Mündung des Flusses Mäander, damals Hafenstadt und ein bedeutender Handelsplatz an der Ägäischen Küste. Im Laufe der Zeit wurde die Bucht aber durch Anschwemmungen zugeschüttet, sodass die Ruinenstätte heute einige Kilometer von der türkischen Westküste entfernt liegt. Hier trafen damals

Menschen verschiedener Völker, Kulturen, Religionen, Gesinnungen ..." „... und Schuhgrößen", fuhr Alex lachend dazwischen.

„... aber auch Spinner", ergänzte der Lehrer, „Scharlatane und Ganoven aufeinander und eben hier soll auch die ionische bzw. griechische Philosophie entstanden sein."

„Was war es nun, die ionische oder die griechische Philosophie?", wollte Chris wissen.

„Nun, Ionien war ein Teil der Westküste Kleinasiens, der heutigen Türkei, einschließlich der davor gelegenen Inseln, wie zum Beispiel der Insel Samos, und gehörte in der Antike zu Griechenland", erklärte der Lehrer. „Hier befanden sich auch die antiken Städte Troja, Milet, Ephesos, Smyrna und andere. Da die meisten der alten Philosophen aus Ionien stammten, spricht man allgemein von der ionischen Philosophie oder auch Naturphilosophie, weil bei den Ioniern die Betrachtung der Natur an vorderster Stelle stand."

„Alles klar", meinte Chris.

Lydia meldete sich schüchtern: „Wir waren im Sommer in Milet, da gibt es nur noch Ruinen und Steine und es war auch sehr heiß."

„Das glaube ich gerne, Lydia", erwiderte der Lehrer, „Milet gibt es schon lange nicht mehr und im Sommer ist es dort freilich sehr heiß, die Stadt liegt ja ziemlich weit im Süden."

„Viel näher am Äquator", fügte Judith hinzu.

„Sehr schlau", meinte Sven lakonisch.

„Wie ich schon sagte", fuhr der Lehrer fort, „lebte *Thales* vor über zweieinhalbtausend Jahren. Da von ihm aber keine Schriften überliefert wurden, wissen wir über das Leben von *Thales* heute nicht mehr viel." Dann erzählte uns der Lehrer, dass *Thales* schon als junger Mann, als er das sogenannte Alter der Vernunft erreicht hatte, eine lange Studienreise nach

Ägypten, Phönizien, dem heutigen Syrien und Babylonien, dem heutigen Irak, unternahm, wo er von den Priestern in das damalige Wissen in Astronomie, also Himmelskunde, Mathematik und Navigationskunde eingeführt wurde. Nach seiner Rückkehr, heißt es, wollte seine Mutter, wie nun Mütter eben sind, ihn angeblich gleich verheiraten. Doch der junge *Thales* dachte nicht im Traum daran und soll geantwortet haben: „Ach Mutter, noch ist die Zeit dafür nicht gekommen." Als er dann älter wurde und die Mutter ihn weiter heftig bedrängte, dachte er sich wohl: „Alte du nervst" und soll ganz trocken erwidert haben: „Jetzt ist die Zeit dafür vorbei" und war dann schneller weg als das Würstl vom Kraut, wie es in Franken heißt. So blieb *Thales* eben unverheiratet und hatte auch keine Kinder und das „aus Liebe zu den Kindern", wie er gesagt haben soll.

„Na, das war ja ein toller Typ", meinte Sofie und fragte den Lehrer, wovon *Thales* eigentlich gelebt hat.

„Nun, es war naheliegend", erwiderte der Lehrer, „dass er sich in der Umgebung einer Hafenstadt auch als Kaufmann betätigte, und so wird erzählt, dass er sehr gerissen und geschäftstüchtig war. Eines Jahres, als er aufgrund astronomischer Beobachtungen festgestellt hatte, dass eine besonders reiche Olivenernte zu erwarten war, soll er bereits im Winter sämtliche Ölpressen um Milet für billiges Geld gemietet und diese dann zur Erntezeit zu Höchstpreisen weiter vermietet haben. Natürlich hatte er dabei viel Geld verdient, aber das war gar nicht seine Absicht, denn er wollte nur seinen Kritikern zeigen, dass es für einen Philosophen ein Leichtes war, reich zu werden."

„Der war ja ein echtes Schlitzohr", meinte Heidi und grinste.

„Das war er bestimmt", fuhr der Lehrer fort „und wegen seiner gut gehenden Geschäfte konnte *Thales* es sich leisten, sich neben seiner kaufmännischen Tätigkeit, wie damals üblich, auch der Politik, der Philosophie, der Mathematik und der Astronomie zu widmen. So kennt ihr bestimmt den »Thalessatz« aus der Geometrie?"

„Nö", antwortete Sven.

„So ein Döskopp", meinte Susanne, „dumm geboren und nichts dazugelernt."

„Natürlich kennen wir den »Thalessatz«", stellte Wolfgang fest: „alle Winkel am Halbkreisbogen sind rechte Winkel."

„Dachte ich´s mir doch, dass ihr den Thalessatz kennt", meinte der Lehrer und fuhr fort, „vielleicht habt ihr auch gehört, dass er eine Sonnenfinsternis genau vorausgesagt haben soll und das fast 600 Jahre vor Christus. Er war auch einer der Ersten, der für gewaltige Naturereignisse natürliche Ursachen gesucht haben soll. Als Geschäftsmann war *Thales* aber auch viel unterwegs. So wird erzählt, dass er besonders oft nach Ephesos kam."

„Da waren wir auch", rief Lydia, "auch dort gibt es nur noch Ruinen."

„Stimmt", erwiderte der Lehrer, „die Blütezeit dieser Stadt war zur Zeit *Kleopatras,* die übrigens etwa im Jahre 50 vor Christus hier von Caesar empfangen wurde, das war aber über 500 Jahre nach *Thales*. Übrigens, zur Zeit *Caesars* hatte die Stadt über zweihunderttausend Einwohner."

„Das hätte ich nicht gedacht, gab es damals schon so große Städte?", fragte Colin.

„Ja", fuhr der Lehrer fort, „Ephesos, das etwa 50 Kilometer nördlich von Milet lag, war ebenfalls eine Hafenstadt. Hier befand sich die damals größte ionische Bibliothek, die sehr oft von auffallend vielen Menschen aus der Umgebung besucht wurde." Und er ergänzte errötend: „Zumal sich gleich gegenüber ein Freudenhaus befand."

Jetzt wurden wir aufmerksamer.

„Was ist denn das?“, fragte Sven provozierend.

„Pubertärer Dummkopf“, stellte Bianka fest, „und das will ein Mann sein.“

„Die Philosophierenden“, erzählte der Lehrer dann weiter, „waren eben nicht nur weise, sondern auch den Freuden des Lebens ziemlich aufgeschlossen. Nach dem Motto: »Erst wird man geboren, dann stirbt man, also sollte man sich vergnügen, so lange es geht«, nahmen sie an den schönen Seiten des Lebens regen Anteil. Und um sich mal so richtig entspannen zu können, fuhr man eben nach Ephesos, wo ein in den Weg eingebauter Stein die Richtung zum Freudenhaus, äh, ... Entschuldigung, zur Bibliothek, anzeigte."

Alle lachten. „So, so“, meinte Sven.

„Wie kamen die Menschen damals eigentlich nach Ephesos?“, fragte Judith.

„Nun, da es zu der Zeit noch keine Busse, Bahnen oder Flugzeuge gab“, erwiderte der Lehrer, „mussten sich die Reisenden mit Ruderbooten begnügen, in denen sie allerdings nicht selbst ruderten, sondern sich mithilfe von rudernden Sklaven hinbringen ließen.“

„Gab es damals auch Sklaven?“, wollte René wissen.

„Leider ja, Sklaven gab es auch schon im Altertum“, stellte der Lehrer fest, „und die hatten manchmal recht sonderbare Aufgaben.“

„Welche Aufgaben?“, erkundigte sich Sofie. „Ja, es war anzunehmen, dass nach der langen Schiffsreise die Reisenden zunächst die ganz normalen menschlichen Bedürfnisse quälten“, erzählte der Lehrer und grinste, „während aber die meisten, hinter einem Strauch versteckt, ihre Notdurft verrichteten, sich ängstlich umschauend, um nicht wegen Erregung öffentlichen Ärgernisses zur Kasse gebeten zu werden, begaben sich die vornehmeren Reisenden von den Schiffen zu den noblen, städtischen, mit Steuergeldern finanzierten stillen Örtchen. Diese bestanden damals aus langen, mit Löchern versehenen

Marmorplatten, auf denen die Reisenden nebeneinander Platz nahmen. Miteinander diskutierend, konnten sie dort bei Flöten- und Harfenklängen auf Staatskosten ihren Bedürfnissen nachgehen, während die Sklaven zu ihren Diensten bereitstanden."

„Du lieber Gott, das kann ja nicht wahr sein", staunte Edi und schüttelte den Kopf.

Alle lachten.

„Was hatten die Sklaven denn dort zu tun?", wollte Susanne wissen.

„Nun, da Marmorplatten allgemein kalt sind", erwiderte der Lehrer, „sollten die Sklaven diese vorwärmen, indem sie sich drauf setzen und warten mussten, bis der nächste Gast kam."

„So ein Schmarren, das gibt's doch nicht", rief Judith verblüfft, „Sie wollen uns wohl einen Bären aufbinden." Und wir lachten alle aus voller Kehle, dass unsere Schnürsenkel rissen.

„Doch, so was gab es tatsächlich", stellte der Lehrer fest und erzählte uns dann, dass die Männer, so erleichtert, heiter diskutierend und heftig gestikulierend zu der etwa zweihundert Meter entfernten Bibliothek wandelten und würdevoll die Stufen hinauf schritten. Es war anzunehmen, dass auch *Thales*, der überzeugte und lebenslustige Junggeselle, aufgemotzt wie ein feiner Pinkel, wie damals üblich, die Haare mit Rosenöl eingerieben und mit zeitgemäßem Fummel umhüllt, ziemlich häufig nach Ephesos kam und, nach Weisheit strebend, die Bibliothek besuchte. Dem aufmerksamen Beobachter fiel jedoch bald auf, dass sich viel weniger eifrige Leser in der Bibliothek aufhielten, als vorher eingetreten waren. Des Rätsels Lösung: Die Bibliothek war durch einen Tunnel mit dem Freudenhaus verbunden, durch das die wissbegierigen Leser alsbald verschwanden. So konnten sie diskret und unbeobachtet ihren Drang nach Weisheit unterbrechen und sich ganz den menschlichen Verzückungen zuwenden.

„Ich glaub, mich tritt ein Pferd", rief Joel und auch wir waren alle aus dem Häuschen und brachen in schallendes Gelächter aus.

„Mann, der Lehrer war ja oberaffengeil", war die allgemeine Meinung, denn mit dieser Einführung hatte er es verstanden, sogar uns für die antiken Philosophen zu begeistern. Wir erkannten nämlich zum ersten Mal, dass sich auch hinter den großen Namen der Geschichte und Wissenschaften ganz gewöhnliche Menschen mit ihren Stärken und Schwächen, Menschen wie du und ich, verbargen, und das faszinierte uns.

So war uns gar nicht bewusst, dass der Lehrer nun langsam zum Kern des Unterrichts überging. Nachdem wir uns beruhigt hatten, fuhr der Lehrer fort: „Wie ihr wisst, beschäftigten sich die Menschen schon von alters her mit der Frage nach dem Ursprung unserer Welt, dem Sinn des Lebens, dem Rätsel von Leben und Tod und vielem mehr. Da sie auf diese Fragen keine Antworten wussten, sahen sie überall in der Natur das Walten von Göttern und Dämonen und das Wirken mystischer Kräfte. Im Gegensatz dazu versuchten die Naturphilosophen, unsere vielgestaltige Welt durch natürliche Vorgänge zu erklären, indem sie nach einem einheitlichen »Grundprinzip« und den »Urgründen« suchten, die das »Wesen« der Dinge ausmachen."

„Interessant", meinte Colin ganz Ohr.

„Diese Fragen beschäftigten auch *Thales*", fuhr der Lehrer fort und erzählte uns dann, dass nach einer Legende *Thales,* in seiner Freizeit oft in Gedanken vertieft, seine Umwelt vergessend dasaß und von Gott und der Welt oder auch von den schönen Stunden in Ephesos träumte. Eines Abends, als er wieder abwesend und in Gedanken verloren am Rande eines Brunnens sitzend, nach oben blickend, die Sterne beobachtete, soll er prompt in den Brunnen gefallen sein. Unter dem lauten

Gelächter und Gekreisch der schadenfrohen Menge um ihn herum stand er nun wie ein begossener Pudel ganz nass da, glotzte schimpfend und verlegen die Menschen an, die ihn auslachten. Dann soll ihn eine witzige, reizende, thrakische Magd verspottet haben: „Er möchte wissen, was am Himmel sei, und sieht nicht einmal, was vor seinen Füßen liegt."

Wir lachten alle, „das ist ja grotesk, so ein Komiker", urteilte Judith.

„Ja", meinte der Lehrer, „dieser Unfall zeigt den Philosophen tatsächlich als komische Figur und durch die Legende über diesen grotesken Sturz beginnt die gesamte Geschichte der Philosophie mit einem Witz."

„Na, das fängt ja gut an", meinte Joel.

„Aber auch wenn diese Geschichte ganz ulkig klingt, so deuteten *Platon* und *Aristoteles,* die größten unter den griechischen Philosophen, sie ganz philosophisch", fuhr der Lehrer fort. „Nach ihnen sieht der Philosoph die Dinge, die vor ihm liegen, oft nicht und macht sich wegen seiner Ungeschicklichkeit zum Gespött der Menschen. Wenn es aber um das »Wesen« der Dinge oder um andere wesentliche Fragen geht, dann wissen die Anderen nicht weiter und machen sich selbst lächerlich."

Wir sahen den Lehrer fragend an, denn eigentlich hatten wir nicht so recht verstanden, was er uns da verklickern wollte. Wir wollten aber auch nicht, dass er uns für begriffsstutzig hielt, und bemühten uns deshalb, seinen Ausführungen zu folgen, um ihn besser zu verstehen.

Sven hatte da weniger Hemmungen und fragte den Lehrer, wie wir das verstehen sollten.

„Nun, *Thales* ging es also um das »Wesen« der Dinge", fuhr der Lehrer fort. „Er fragte nicht nach den Dingen selbst, sondern woher in Wahrheit alles kommt, was uns umgibt: Was ist der »Ursprung« von allem, das sogenannte »Prinzip«, nach dem alles entsteht, ist und vergeht? Was war der Auslöser für die Entstehung und Geburt unserer Welt?"

Der Lehrer musste aber auch zugeben, dass die Antwort, die *Thales* auf diese Fragen gab, auf den ersten Blick recht seltsam war. Denn *Thales* sah das »Wasser« als den Ursprung aller Dinge. Nach ihm ist alles aus dem Wasser hervorgegangen und kehrt auch wieder ins Wasser zurück. Damit erklärte Thales anscheinend erstmals einen materiellen Stoff, also das Wasser, als Urgrund unserer Welt.

„Wie kommt er auf das Wasser?", wollte Edi wissen.

„Vielleicht durch sein Bad im Brunnen", fügte Jana hinzu und alle lachten.

„Schon möglich", erwiderte der Lehrer, „es ist jedoch naheliegend, dass *Thales* durch Beobachtungen in der Natur zu dieser Auffassung gekommen ist. Zum Beispiel, dass Wasser vom Himmel fällt, wenn es regnet, dass in Quellen das Wasser aus der Erde fließt und dass die Weltmeere unendlich viel Wasser enthalten. Aber auch, dass Wasser im festen Zustand als Eis oder Schnee, flüssig als Wasser oder gasförmig als Dampf vorkommen kann. Dies alles könnte seine Meinung beeinflusst haben. Gleichfalls kann man annehmen, dass *Thales* auch die damals verbreitete Meinung vertrat, dass die Erde eine Insel ist, die wie ein Floß in einem Ozean schwimmt. Daraus folgerte er zum Beispiel auch, dass die Erdbeben durch die Wellenbewegungen des Wassers verursacht werden und nicht, wie damals allgemein angenommen, durch den Zorn der Götter entstehen."

„Wir können aus heutiger Sicht natürlich nicht verstehen, was in seinem Kopf vorging, die Menschen hatten damals ja ganz andere Vorstellungen", ergänzte Colin.

„Das stimmt", meinte der Lehrer, „allerdings, *Aristoteles* zufolge, dachte *Thales* tatsächlich weniger an einen materiellen Urstoff, sondern sah zeitgemäß im Wasser einen göttlichen Ursprung, weil ohne Wasser nichts auf der Welt bestehen kann und kein Leben möglich ist. Und so wie das »Göttliche« alles belebt, was es durchdringt, so entsteht das Leben in der Natur durch das Wasser."

„Ich versteh nur Bahnhof", meinte Heidi und sah den Lehrer fragend an.

„Das glaube ich gerne, es ist ja auch nicht einfach", erwiderte der Lehrer, ich versuche, es euch so zu erklären, dass jeder es versteht."

„Sogar Heidi", ergänzte Sven und lachte.

„Quatschkopf", erwiderte Heidi prompt.

„Wasser war damals ein Begriff für etwas, das die gesamte Welt ausfüllt, das sich überall und in allem befindet, später sprach man auch vom Äther. Aus diesem Allgegenwärtigen ist durch den Willen der Götter unsere Erde entstanden", erklärte der Lehrer und Heidi nickte zufrieden. Sie hatte es also verstanden.

„Thales glaubte also auch an Götter?", fragte Susanne.

„Ja, natürlich", antwortete der Lehrer, „Thales versuchte, die Welt aus damaliger Sicht zu deuten, und ordnete sie in Kategorien, die den Menschen aus ihrer Erfahrung bekannt waren. Zu diesen Kategorien gehörten die »Menschen«, die »Natur« und die »Götter«. Die Götter des Thales waren aber nur übermenschliche Wesen oder Dämonen, also lebende Geschöpfe, denn er konnte die Welt nur vom Lebendigen her verstehen und deshalb war für ihn das »Lebendige« das Grundprinzip unserer Welt."

„Wie lange hat Thales gelebt, ist er alt geworden?", fragte Luka.

„Aus Überlieferungen wird angenommen, dass Thales etwa im Alter von 80 Jahren starb. Einer Legende zufolge soll er in einem Stadion inmitten von Menschenmassen, wo er einem sportlichen Wettkampf zusah, aufgrund der großen Hitze und wahrscheinlich auch wegen Wassermangels an Herzversagen verstorben sein."

Der Lehrer machte eine kleine Pause und fuhr dann fort: „Die Frage nach dem Wesen und dem Ursprung der Dinge ist auch heute das zentrale Anliegen der Philosophie. Und gerade wegen dieser Fragen, die, soweit bekannt, *Thales von Milet* als Erster stellte, wird er von seinen Nachfolgern als der »erste Philosoph« und Begründer der »ionischen Naturphilosophie« bezeichnet."

***

Damit war die Stunde zu Ende. Mann, der Lehrer war ja große Klasse, und wir applaudierten begeistert für diese schöne und lehrreiche Stunde.

Thales von Milet

Griechischer Naturphilosoph, Mathematiker, Astronom und Ingenieur. Begründer der ionischen Naturphilosophie.

Geb. um 625 v. Chr. in Milet; gest. um 545 v. Chr.

Über das Leben des legendären Philosophen ist wenig bekannt. Seine Lehren, wie auch die der anderen antiken Philosophen, beruhten auf reinen Spekulationen, die den jeweiligen Zeitgeist widerspiegelten.

Sie kamen aber oft der Wahrheit sehr nahe und deshalb sind für uns so wichtig.

So sind die Gedanken des *Thales,* der im Wasser den Ursprung aller Dinge sah, auch aus unserer Sicht bis heute gültig. Denn über zweitausend Jahre später sollte die Menschheit erfahren, dass die Evolution des Lebens tatsächlich im Wasser begonnen hatte und lange davor, in einem gewaltigen Urknall als einziges chemisches Element der Wasserstoff entstanden ist, aus dem schließlich alle weiteren Elemente und damit alle Materie gebildet wurden.

»In Wirklichkeit gibt es nur die
Atome und den leeren Raum«
Demokrit

Leukipp und *Demokrit* und der Streit in Abdera

Nachdem wir einen ersten Einblick in die Welt der Antike erhalten hatten, freuten wir uns auf den heutigen Unterricht und vor allem auf unseren sympathischen Lehrer.

Heute sollten wir über die griechischen »Atomisten« sprechen und auch diesmal wollte uns der Lehrer eine spannende Geschichte erzählen.

„Wie fast jeden Abend der vorchristlichen Jahrhunderte", begann der Lehrer den Unterricht, „versammelten sich die Menschen auf dem Markplatz von Abdera, einer antiken Stadt an der Südküste Thrakiens im nordöstlichen Griechenland. Hier redeten sie sich in der Kühle des Abends über Gott und die Welt die Köpfe heiß, denn mangels Fußball, Fernsehen, Kino oder Disko war Diskutieren zu der Zeit für die Männer die einzig sinnvolle Beschäftigung."

„Gab es damals keine andere Unterhaltung?", fragte Marco, „konnten sie sich nicht irgendwelche Aufführungen oder sportlichen Wettkämpfe ansehen?"

„... oder vielleicht Sirtaki tanzen?" ergänzte René.

„Ja, das stimmt, athletische Wettkämpfe waren damals üblich", meinte der Lehrer, „aber die gab es nur selten, sodass noch genügend Zeit für Politik und zum Philosophieren übrig blieb, und Sirtaki haben sie natürlich auch getanzt."

„Welche Fragen beschäftigten damals die Menschen?", wollte Joel wissen.

„Nun, Themen gab es reichlich“, erwiderte der Lehrer, „vor allem wurde über die Frauen herzhaft gemault, so wie es richtigen Männern zusteht. Aber daneben gab es ja auch das finanzielle Chaos in der Kommune, fehlende Sklaven, holprige Wege und außerdem musste ja noch geklärt werden, woraus unsere Welt besteht, ob die Dinge dieser Welt schon immer so waren, wie sie sind, oder erst so geworden sind und ob es einen gemeinsamen Ursprung gibt, aus dem letztendlich unsere Welt entstanden ist und alles besteht. Da sich die Männer aus Abdera aber nicht einigen konnten, stritten und diskutierten sie weiter munter darauf los.“

Dann erzählte uns der Lehrer, dass, als eines Abends während der üblichen Streitgespräche einer der Anwesenden behauptete, dass alles, was uns umgibt, nur aus kleinsten Teilchen und »leerem Raum« besteht, ein alter Thraker aufgesprungen sein soll und voller Wut mit dem Fuß so fest gegen einen Stein getreten habe, dass er davon abprallte. „Aua“, schrie er und hüpfte wie ein Känguru auf einem Bein herum und mit einem

zweiten Tritt gegen den Stein soll er sich verärgert und fragend an die Anwesenden gerichtet haben: „Hier soll »leerer Raum« sein?“ , wobei er versteckt seinen Fuß massierte.

Auf dem mit Fußtritten traktierten Stein saßen *Leukipp* und *Demokrit,* zwei der bekanntesten Naturphilosophen der Antike, denen dieser Wutausbruch galt. Ihre Köpfe schüttelnd, hörten sie sich gelangweilt den Wortschwall des verärgerten Thrakers an.

„Nun halt mal den Atem an, du Armleuchter“, soll *Demokrit* ihm zugerufen haben, worauf der Mann sich schimpfend und fluchend langsam abregte, während ihn die Anderen auslachten.

Die zweite Unterrichtsstunde verlief bereits viel ruhiger und sogar diejenigen, die sich bisher kaum für Philosophie zu interessieren schienen, hörten aufmerksam zu.

„Hat *Demokrit* nicht die »Atome« erfunden ?“, fragte Bianka.

„Die hat ja einen Schaden unter der Perücke“, motzte Sven.

„ Schnauze, Schlaffi!“, kam prompt die Antwort.

„Also erfunden hat er die Atome sicher nicht“, antwortete der Lehrer, „er hat den Begriff des Atoms eingeführt.“

„Wann soll das gewesen sein und was weiß man heute noch über die beiden Philosophen?“, wollte Colin wissen.

„Nun, über das Leben und Wirken von *Leukipp* und *Demokrit* ist heute naturgemäß nur wenig bekannt“, erwiderte der Lehrer, „*Leukipp* stammte vermutlich wie *Thales* aus der antiken, ionischen Stadt Milet und lebte irgendwann im fünften Jahrhundert vor Christus. Als Jugendlicher soll er nach Elea an der Westküste Italiens gewandert sein, wo er Schüler der beiden Philosophen *Zenon* und *Parmenides* wurde. Um 450 vor Christus gründete er dann seine eigene Philosophenschule in Abdera, die später auch *Demokrit* besuchte“.

„Hatte er denn so viel Kohle, um eine Schule zu gründen?“, fragte Lydia.

„Nun, was damals als Schule bezeichnet wurde, war oft nur ein freier Platz oder eine Lichtung im Walde, wo die Philosophen sich mit ihren Schülern versammelten und unter dem Gezirpe der Zikaden eifrig diskutierten, manchmal wurden sie allerdings auch von einem Wildschwein angegriffen und dann rannten sie um ihr Leben“, erzählte der Lehrer und grinste.

„Das waren also nicht Schulen, wie wir sie heute kennen?“, ergänzte Alex.

„Natürlich nicht“, antwortete der Lehrer, „in den sogenannten Schulen wurden damals auch nur Meinungen ausgetauscht, wobei der Lehrer als Wortführer galt. Zum intensiveren Lernen und Lesen begab man sich in die Bibliotheken.“

„Wie *Thales*“, meinte Joel und lachte.

Auch der Lehrer musste lachen, schließlich hatte er uns ja die Geschichte von der Bibliothek in Ephesos erzählt, dann fuhr er fort: „*Demokrit* war der Sprössling einer wohlhabenden Familie aus Abdera und daher konnte er es sich leisten, hauptberuflich zu philosophieren, während seine Zeitgenossen sich um ihr täglich Brot kümmern mussten. Schon als Kind zeigte er reges Interesse für die ganze Vielfalt der Natur. Nach dem Tode seines Vaters unternahm er zahlreiche Bildungsreisen nach Persien, Ägypten, Babylonien und anderen Ländern, bevor er über Athen nach Abdera zurückkehrte und Schüler an *Leukipps* Philosophenschule wurde.“

„Solche Reisen waren damals bestimmt sehr teuer?“, meinte Sofie.

„Freilich waren sie teuer, zumal sie auch sehr lange dauerten und die jungen Leute auch andere Gedanken hatten. So dachte auch *Demokrit* ganz philosophisch: ›Was nützen einem Gefühle, wenn man sie nicht mit Anderen teilen kann, man sollte jeden

Moment auskosten, als wäre es der letzte‹, und als gut aussehender Junggeselle war er bei den Damen auch bestimmt sehr begehrt."

„So ein Lustmolch", meinte Niels.

„Die Jugendlichen sind heute ja auch nicht besser", sagte der Lehrer, „aber zurück zu *Demokrit*, so wird erzählt, dass dieser auf seinen Reisen fast das gesamte ererbte Vermögen seines Vater verjubelt hatte, denn die sexy Damen in den Tanzschuppen wollten ja verwöhnt werden und waren natürlich sehr anspruchsvoll. Übrigens war die Verschleuderung ererbten Vermögens damals strafbar und so wurde *Demokrit* vor Gericht gestellt. Es gelang ihm jedoch, die tattrigen Richter auszutricksen, denn statt sich zu verteidigen, soll er ihnen aus seinen Werken vorgelesen haben, die er auf seinen Reisen geschrieben hatte. Obwohl diese von dem unverständlichen Blabla des jungen Philosophen keinen blassen Schimmer hatten, wollten sie auch nicht als Dummköpfe dastehen. So zeigten sie sich von seiner Lesung beeindruckt und äußerten ihre Überzeugung, dass *Demokrit* sein Erbe doch richtig angelegt hätte, und sprachen ihn frei."

„Na toll", meinte René amüsiert.

Nach einer kurzen Pause fuhr der Lehrer fort: „Zu der Zeit standen die Griechen unter dem Einfluss des *Heraklit von Ephesos*, der im 5. Jahrhundert vor Christus gelebt hatte."

„Haben den nicht die Hunde gefressen?", fragte Jana.

„Was soll denn der Quatsch?", bemerkte Luka vorwurfsvoll.

„Sie hat schon Recht, denn laut Überlieferungen soll *Heraklit* durch falsche Ernährung an Wassersucht gelitten haben", erzählte der Lehrer, „und als die Mediziner und Geistheiler ihm nicht mehr helfen konnten, soll er versucht haben, sich selbst zu behandeln und sich mit Rindermist eingepackt in die Sonne gelegt haben. Streunende Hunde sollen ihn dann für einen Kadaver gehalten und ihn angeblich angefressen haben."

„Wie konnte er denn so etwas tun?", fragte Susanne.

„Wie weit diese Geschichte überhaupt stimmt, wissen wir natürlich nicht", erwiderte der Lehrer und fuhr fort, „Tatsache sind jedoch seine Thesen, die uns überliefert wurden. So befindet sich nach *Heraklit* alles in unserer Welt im ständigen Fluss, unterliegt also ständigen Veränderungen. Seine Lehre kann daher durch den Satz »panta rhei« oder zu Deutsch »alles fließt« auf den Punkt gebracht werden."

„Natürlich", bemerkte Edi, „das sieht man doch, jeden Tag ist unsere Umgebung anders."

„Sehr gut beobachtet", stellte der Lehrer fest, „selbst Sterne, wie die Sonne, und Planeten, wie unsere Erde, ein Stein oder ein Baum, die in Ruhe oder unveränderlich scheinen, bleiben nicht immer gleich. *Heraklit* führte die Ursache dieser Veränderungen auf die ständigen Wandlungen eines Urgrundes zurück, den er im »Feuer« sah. Er vertrat die Ansicht, dass das Feuer sich in alle möglichen Stoffe verwandeln kann und schließlich immer wieder in sich selbst zurückkehrt. Und so wurde die Welt weder von Göttern noch von den Menschen geschaffen, sondern ist aus dem Feuer entstanden und wird im ewigen Kreislauf vergehen und wieder aus dem Feuer entstehen."

„Irgendwie hatte er ja Recht", meinte Chris, „denn wir gehen ja heute auch davon aus, dass die Welt in einem Urknall entstanden ist."

„Was war eigentlich der Urknall?", fragte Bianka.

„Das war eine gewaltige Explosion, aus der vor etwa 15 Milliarden Jahren unser Universum hervorgegangen sein soll", erklärte der Lehrer.

„Und was war vor dem Urknall?", wollte Heidi wissen.

„Immer diese dummen Fragen“, meinte Sven, „wen interessiert das schon?“

„Mich, du Nervensäge“, antwortete Heidi, „bei dir herrscht ja sowieso immer nur geistige Windstille.“

„Ha, ha, ha“, brummte Sven beleidigt.

„Die Fragen sind gar nicht so dumm, denn eigentlich wissen wir bis heute nicht genau, was vorher war. Vor dem Urknall gab es eigentlich nichts, was wir mit unserem Verständnis erklären könnten. Man nimmt an, dass das gesamte Weltall bei enormer Temperatur und Dichte auf einem winzig kleinen Raum konzentriert war und dann aus unbekannten Gründen explosionsartig auseinander getrieben wurde. Diese Explosion war die Geburtsstunde des Weltalls und gleichzeitig der Beginn von Raum und Zeit“, meinte der Lehrer.

„Und was hat dies mit *Leukipp* und *Demokrit* zu tun?“, fragte Wolfgang.

„Nun, die beiden Naturphilosophen waren im Gegensatz zu *Heraklit* der Meinung, dass die Welt schon seit aller Ewigkeit besteht und auch ewig weiter bestehen wird“, erwiderte der Lehrer.

„Wie erklärten sie dann die ständigen Veränderungen“, wollte Joel wissen.

„Sie führten alle Veränderungen darauf zurück“, erklärte uns der Lehrer, „dass die Dinge auf dieser Welt aus einem »Vollen«, dem »vollen Raum«, also der Materie oder Stoffen, und einem »Leeren« dem »leeren Raum«, also dem Nichts bestehen. Das »Volle«, also die Materie, kann nur geteilt werden, weil es das »Leere«, also das Nichts, gibt, wobei sie sich die Frage stellten, wie weit man einen Körper überhaupt teilen kann. Halbiert man in Gedanken zum Beispiel ein Stück Holz, Kreide ...“

„... oder Weißwurst“, ergänzte Niels.

„Warum nicht", erwiderte der Lehrer lachend, „dann eine der erhaltenen Hälften wieder, die nächste wieder und so weiter, so stellt sich die Frage, ob man irgendwann an eine Grenze der Teilbarkeit stößt oder unendlich weiter teilen kann. *Leukipp* und *Demokrit* vertraten die Ansicht, dass die Teilung nicht unendlich fortgesetzt werden kann, sondern nur bis zu einem letzten, allerkleinsten Teilchen, das nicht weiter geteilt werden kann."

„Man kann die Teilchen irgendwann ja gar nicht mehr sehen, wie soll man sie dann noch teilen können?", wollte Lydia wissen.

„Natürlich", meinte der Lehrer, „haben *Leukipp* und *Demokrit* die Teilung nur in Gedanken fortgeführt und folgerten daraus, dass alle Materie aus unendlich vielen, winzig kleinen Teilchen oder Urkörperchen besteht, die sie »Atome« nannten."

„Was bedeutet eigentlich Atom?", fragte Marco.

„Der Name Atom wurde vom Griechischen »atomos« abgeleitet und bedeutet so viel wie unteilbar", erwiderte der Lehrer. „Diese von den beiden Naturphilosophen erdachten, immer gleichen und ewig existierenden Atome sollten alle aus derselben Ursubstanz gebildet sein und sich lediglich durch ihre Größe und ihre Gestalt, wie zum Beispiel kugel-, würfel-, konus- und pyramidenförmige Atome, unterscheiden."

„Haben diese Atome sich auch bewegt?", fragte Judith.

„Ja, *Leukipp* und *Demokrit* nahmen an, dass die Atome sich im unendlichen leeren Raum in ständiger Bewegung befinden, die allerdings nicht willkürlich erfolgt, sondern hauptsächlich durch die Schwere und Gestalt der Atome bestimmt wird."

„Was heißt das?", fragte Rene.

„Nehmt mal an, unter einem Atom befindet sich ein freier Raum, dann fällt dieses Atom natürlich nur, wenn es nicht zu groß ist, aufgrund seiner Schwere in diesen Raum hinunter, dabei wird ein anderes Atom nachrücken und so weiter. Natürlich stoßen die Atome bei diesen Bewegungen auch zusammen und können sich dabei vereinigen und auch wieder trennen, ohne sich selbst zu verändern."

„Was geschieht, wenn sich die Atome verbinden?", fragte Sofie.

„Also, je nach ihrer Lage und Anordnung", entgegnete der Lehrer, „bilden die Atome dann die verschiedensten Gegenstände oder Dinge. Die Unterschiede zwischen Dingen, wie Stein, Holz, Metall, Knochen, Wasser, Luft, oder Pflanzen lassen sich somit auf deren unterschiedliche »atomare« Zusammensetzung zurückführen."

„Das klingt logisch," meinte Chris.

„Logo", ergänzte Sven überzeugt.

„Auf diese Weise", fuhr der Lehrer fort, „konnten die Veränderungen der physikalischen Eigenschaften, wie Größe, Gestalt, Gewicht und so weiter, aller Körper gut erklärt werden. Alle anderen Eigenschaften der Stoffe aber, wie Temperatur, Farbe, Geschmack, Geruch, können nach *Leukipp* und *Demokrit* nicht den Atomen zugeschrieben werden, da sie nur in unserer Meinung existieren."

„Was meinen Sie damit?", fragte Lydia.

„Das heißt, dass süß, sauer, kalt, warm, rot, blau bloß Wahrnehmungen unserer Sinne sind und in Wirklichkeit gar nicht existieren. Diese Meinung vertraten *Leukipp* und *Demokrit* an jenem Abend auf dem Marktplatz in Abdera."

Dann erklärte uns der Lehrer, dass die Ideen des *Leukipp* von denen seines Schülers *Demokrit* heute kaum zu trennen sind, und weil sie als Erste die Existenz der Atome postuliert haben, werden korrekterweise beide als die Begründer des antiken »Atomismus« betrachtet.

„Weshalb war der alte Thraker auf dem Marktplatz so wütend?", wollte René wissen.

„Nun“, erklärte der Lehrer,„die Aufregung des alten Thrakers war insoweit verständlich, da es doch in der Antike erhebliche Vorbehalte gegen die Vorstellung eines »leeren Raumes« gab. Dieser hatte insofern kaum Bedeutung, da man den »leeren Raum« mit »Nichts« gleichsetzte. So lehrte der griechische Philosoph *Parmenides von Elea,* der im 5. Jahrhundert vor Christus gelebt hatte, »dass es im Seienden kein Nichtseiendes gäbe«, mit anderen Worten, dass es also innerhalb der Materie keinen leeren Raum geben kann.“

„Das kapier ich nicht“, meinte Lydia.

„Nun“, erwiderte der Lehrer, „wenn zwei Atome durch einen leeren Raum getrennt würden, wurde das so verstanden, dass die Atome durch Nichts getrennt wurden und damit gar nicht getrennt waren. Gibt es aber keine Hohlräume zwischen den Atomen, dann können diese sich auch gar nicht bewegen, so einfach war das.“

„Logo“, kam es aus der Klasse. „Ja, jetzt habe ich es auch verstanden“, meinte Lydia.

„Na endlich, können wir jetzt weitermachen?“, fragte Alex.

„Nachdem der alte Thraker sich endlich beruhigt und sich völlig erschöpft hingesetzt hatte“, fuhr der Lehrer fort, „versuchte Demokrit, seine Idee anhand eines Beispiels zu erklären: Ein mit Asche voll gefülltes Fass kann trotzdem noch Wasser aufnehmen, zwar nicht so viel wie ein leeres Fass, aber viel mehr, als man angesichts des mit Asche gefüllten Fasses erwarten würde. Das heißt, dass zwischen den Ascheteilchen genügend leerer Raum herrscht, um das Wasser aufzunehmen, auch wenn man diesen nicht sieht. Habt ihr das kapiert?“

„Nicht ganz“, meinte Andrea.

„Nicht schon wieder“, erregte sich Sven.

„Also gut“, meinte der Lehrer, „dann möchte ich euch ein Experiment erklären, das ihr auch zu Hause durchführen könnt:

Ihr füllt ein Glas randvoll mit Wasser. Gebt ihr nun einen Löffel Salz, Zucker oder einen anderen löslichen Stoff hinein, so wird sich dieser verteilen, ohne dass das Wasser überläuft. Das können wir so erklären: Wenn das Wasser ein einheitlicher Stoff wäre, hätte das Salz keinen Platz, um darin zu verschwinden, und das Wasser würde überlaufen. Nach *Demokrit* müssten wir annehmen, dass im Wasser viele Löcher vorhanden sind und das Salz aus winzig kleinen Teilchen besteht, die in diese Löcher hineinpassen. Habt ihr das jetzt verstanden?"

„Na, klar, logisch, auch Andrea", meinte Alex und sah sie grinsend an.

„Dummkopf", erwiderte Andrea.

Dass unser Lehrer jetzt zufrieden war, konnten wir leicht erkennen, als er weiter erzählte.

„Das Dilemma mit dem »leeren Raum« beschäftigte die Menschen in Abdera noch lange und so kamen sie Tag für Tag und stritten weiter, in der Meinung, irgendwann eine Lösung zu finden."

„Und haben sie die Lösung gefunden?", fragte René.

„Damals nicht", erwiderte der Lehrer, „und heute sehen wir die Dinge ja auch ganz anders."

Der Lehrer erklärte uns dann, dass der »Atomismus« der Antike keine Wissenschaft war, sondern wie auch andere Vorstellungen von damals nur eine auf Spekulationen beruhende Meinung darstellte, in der die zeitgemäße Weltanschauung zum Ausdruck kam, die sich vor allem in den gesellschaftlichen Strukturen widerspiegelte. Die antike »Atomlehre« wurde auch bald verworfen, zumal die Atome *Leukipps und Demokrits* zu abstrakte Gebilde waren, die außer der geometrischen Gestalt und einer eigenen Bewegung keine der uns bekannten Eigenschaften besaßen, und er fuhr fort: „Genau wegen dieser materialistisch mechanischen Interpretation der Materie haben sich sowohl *Platon* als auch *Aristoteles* energisch gegen die »Atomisten« ausgesprochen, *Platon* verlangte sogar, die Schriften der beiden Philosophen zu verbrennen.

„Und hat man sie verbrannt?", wollte Luka wissen.

„Das weiß ich nicht", erwiderte der Lehrer, „Tatsache ist, dass von ihren Schriften heute kaum noch etwas vorhanden ist."

„Woher kennt man dann überhaupt ihre Ansichten", fragte Joel.

„Eine gute Frage", meinte der Lehrer, „viele ihrer Theorien wurden mündlich überliefert", und er ergänzte dann, „dass für *Aristoteles,* im Gegensatz zu Platon, die Lehre der »Atomisten« nicht philosophisch genug war und dass vor allem das Beispiel mit dem Fass ihm verdächtig war, da seiner Meinung nach handwerkliche Tätigkeiten zu niederer Denkart verführen. Diese und andere Deutungen der atomistischen Lehre müssen allerdings darauf zurückgeführt werden, dass die antike Philosophie erst am Anfang der Bemühungen stand, unsere Welt nach einem einheitlichen Prinzip zu erklären, und dass der experimentelle Nachweis damals noch nicht erbracht werden konnte."

„Die Atome gibt es ja auch heute noch", meinte Heidi.

„Dumpfbacke", murmelte Sven.

„Du bist wirklich mehr als flüssig, du bist überflüssig, ... Maulheld", meinte Heidi.

„Natürlich gibt es die Atome", erwiderte der Lehrer, „und die hat es seit dem Urknall auch immer gegeben, nur verstehen wir unter Atomen heute etwas anderes."

„Wann wurden die Ideen der Atomisten eigentlich wieder aufgenommen?", wollte Jana wissen.

„Dies geschah erst im 17. Jahrhundert durch den französischen Philosophen und Naturforscher *Pierre Gassendi,* der die antike Atomlehre zu neuem Leben erweckte. Im 18. bis

19. Jahrhundert stellte der englische Physiker *John Dalton* auf der Basis der antiken Atomlehre seine Atomhypothese auf, in der die Atome zwar noch als unteilbare und unwandelbare Gebilde angesehen wurden. Neu ist jedoch, dass *Dalton* für jedes Element eine eigene Atomart postuliert hat. Für die kleinsten Teile der chemischen Verbindungen führte er den Begriff der »compound atoms« ein, die wir heute *Moleküle* nennen. Mit diesen bahnbrechenden Vorstellungen über die Atome wurde *Dalton* zum Begründer der modernen Chemie."

„Sind die Atome in Wirklichkeit teilbar?", fragte Chris interessiert.

„Ja, heute weiß man, dass Atome teilbar sind", erwiderte der Lehrer, doch, wie ihr wisst, besteht nach unseren heutigen Vorstellungen ein Atom aus zwei Teilen, der »Atomhülle« und dem »Atomkern«. Die Art eines Atoms wird durch den Atomkern bestimmt, der als unteilbar galt. Spätestens aber seit der Entdeckung der natürlichen Radioaktivität durch *H. Bequerel* im Jahre 1896 hatte man einen Zerfall des Atomkerns vermutet. Gewissheit darüber bekam man aber erst 1938, als *Otto Hahn* die Kernspaltung des Urans entdeckt hatte."

„Was wissen wir heute über die Atome?", wollte Wolfgang wissen.

„Heute werden die Atome als die kleinsten Teilchen der chemischen Elemente aufgefasst", erwiderte der Lehrer. „Von dem ersten Atommodell des britischen Physikers *Ernest Rutherford*, der die Atome, bestehend aus dem Kern und der Hülle, beschrieb, bis zu dem wellenmechanischen Atommodell des Österreichers *Erwin Schrödinger* wurden die Erkenntnisse über die Atome immer weiter verbessert. Der Nachweis der »Quarks-Leptonen-Struktur« der Atome und damit der Materie wie auch die Erkenntnis über die schreckliche Leere im Inneren der Atome lassen die Lehre der griechischen »Atomisten« von den unteilbaren kleinsten Teilchen und dem leeren Raum heute in einem ganz anderen Licht erscheinen. Während die alten »Atomisten« noch von ewigen, einheitlichen und unteilbaren Urkörperchen ausgingen, wissen wir heute, dass die Atome erst nach dem Urknall nach und nach gebildet wurden. Wir kennen heute 118 verschiedene Arten von Atomen, die im Gegensatz zu den Atomen *Leukipps* und *Demokrits* gut teilbar beziehungsweise spaltbar sind. Mehr noch, in den hochmodernen Laboratorien in den USA, in Deutschland, Russland u.a. Ländern können seit der zweiten Hälfte des vorigen Jahrhunderts immer schwerere Atome künstlich hergestellt werden."

***

Damit war auch unsere zweite Stunde zu Ende. Langsam gewöhnten wir uns an unseren Lehrer und warteten gespannt auf die nächste Stunde.

Leukipp von Milet

Griechischer Naturphilosoph

Geb. um 500 v.Chr. in Milet, gest. um 440 v.Chr.

Demokrit von Abdera

Griechischer Naturphilosoph, Schüler des *Leukipp*

Geb. um 460 v. Chr. in Abdera, gest. 371 v. Chr.

Die Thesen der beiden Naturphilosophen können wir wie folgt zusammenfassen:

- Es gibt nur die Atome und den leeren Raum.
- Die Atome sind ewig, sie bestehen aus dem gleichen Urstoff, sie sind nicht teilbar und unterscheiden sich nur durch ihre Größe und Gestalt.
- Alle Veränderungen der Stoffe beruhen auf der mechanischen Eigenbewegung der Atome.
- Nichts geschieht durch Zufall, sondern nur aus Notwendigkeit.

»Die Intelligenz nimmt in dem Maße zu,
wie der Mensch die Welt erkennt.«
Empedokles aus Akragas

Empedokles, ein wahnsinniges Genie

Heute sollten wir über die vier Elemente der Antike sprechen und einige der Hintergründe erfahren, die zu den damaligen Auffassungen über die Elemente geführt haben.

Inzwischen fanden wir es sehr interessant, einen Einblick in die Gedankenwelt des Altertums und das Leben einiger Vertreter dieser Zeit zu erhalten. Denn damals war es längst nicht jedem vergönnt, sich philosophischen Fragen zu widmen, und so gibt es naturgemäß auch nur sehr wenige der alten, alten Griechen, von denen wir heute überhaupt noch etwas wissen. Die Lehren aber, die uns die antiken Denker überliefert haben, ziehen sich chronologisch wie ein roter Faden durch die Naturphilosophie und vermitteln uns Beispiele einmaliger geistiger Glanzleistungen.

„Zu den bedeutendsten antiken Philosophen gehörte zweifellos auch *Empedokles aus Akragas,* dem heutigen *Agrigento* auf Sizilien, der im 5. Jahrhundert vor Christus gelebt hat", begann der Lehrer den Unterricht. „Der bullige *Empedokles,* gegen den nicht einmal der Boxer und Ohrenbeißer Mike Tyson die Spur einer Chance gehabt hätte, stammte aus einer wohlhabenden Familie, deren große Leidenschaft für Pferderennen, Glückspiele und ein zügelloses Leben mit Philosophie nicht gerade viel gemein hatte. So wuchs der junge *Empedokles* in einer Umgebung auf, in der er sich zu einem Eigenbrötler und Egozentriker entwickelte."

„Was ist ein Egozentriker?", fragte Marco.

„Nun, das sind Menschen, die sich von ihrer Umwelt abkapseln und, völlig auf das eigene Ich bezogen, eigene Wege gehen", meinte der Lehrer und fuhr fort, „eine Zeitlang ging *Empedokles* bei den »Pythagoräern« in die Lehre."

„Wer waren die »Pythagoräer«?", wollte Sofie wissen.

„Das waren die Mitglieder einer politisch-religiösen Lebensgemeinschaft, deren Anschauungen auf der Philosophie des *Pythagoras* beruhte, eines Philosophen, der im 6. Jahrhundert vor Christus auf der Insel Samos in Kleinasien gelebt hat", antwortete der Lehrer, „*Pythagoras* vertrat die Idee der Seelenwanderung und sah die Zahl als die Wesensstruktur aller Dinge. Er ist euch sicher durch seinen Lehrsatz aus der Geometrie bekannt."

„Natürlich kennen wir den Lehrsatz des Pythagoras: »Im rechtwinkligen Dreieck ist das Hypotenusenquadrat gleich der Summe der Kathetenquadrate«", erklärte Luka.

„Wow, Luka der Schlaue", bemerkte Sven.

„Halt die Klappe, Quatschkopf", kam die Antwort.

„Schon gut", meinte der Lehrer. „Wenn man bedenkt, dass dieser Lehrsatz schon vor über zweieinhalbtausend Jahren entdeckt worden war, kann man über die gewaltigen geistigen Leistungen in der Antike nur staunen", ergänzte Wolfgang.

„Ganz recht, daraus erkennt man, welch scharfsinnige Denker auch damals schon gelebt haben. Aber zurück zu *Empedokles*", fuhr der Lehrer fort, „obwohl von hoher Intelligenz, warfen ihn die *Pythagoräer* wegen seiner seltsamen Ansichten bald aus ihrer Gemeinschaft hinaus."

„Welche Ansichten hatte er denn?", fragte Renè.

„Also, er glaubte tatsächlich, dass alle Menschen einst Götter waren, die wegen irgendwelcher Lumpereien aus ihrem himmlischen Domizil verstoßen wurden", erwiderte der Lehrer,

„aber damit nicht genug, vor allem glaubte er an Wiedergeburt und Seelenwanderung und war fest in dem Glauben, selbst schon mal als Junge, Mädchen, Kamel, Fisch und Vogel auf der Welt gewesen zu sein. Deshalb war er auch überzeugter Vegetarier und lehnte es kategorisch ab, Fleisch zu essen. Da Tiere seiner Meinung nach ja nichts anderes als Wiedergeburten von Menschenwesen waren, sah er im Verzehr tierischer Nahrung eine Art Kannibalismus."

„Ich bin auch Vegetarierin", fügte Jana hinzu.

„Salatfresserin", ergänzte Sven.

„Huuu ...", kam es aus der Klasse.

Der Lehrer erzählte uns dann, dass der verzweifelte Vater seinem Sohn doch noch zu einer medizinischen Ausbildung verholfen habe, die er anfangs auch praktizierte. Da er aber von seiner göttlichen Abstammung so fest überzeugt war, lief er nur noch in purpurnen Gewändern, goldenen Sandalen und mit einem Lorbeerkranz auf seinem Kopf herum. Bald hatte dieser antike Hippie auch eine große Schar seinesgleichen um sich, die ihn verehrten und ihm andächtig überall hin folgten.

„Solche Spinner", wandte Marco ein, „die hatten ja einen Knacks."

„Nicht so voreilig", entgegnete der Lehrer, „man muss sich ja immer in die Zeit versetzen, in der diese Menschen gelebt haben."

„Ja, trotzdem, Sie würden ja auch nicht mit einem Lorbeerkranz auf dem Kopf herumlaufen", meinte Chris und alle lachten.

„Warum denn nicht?", fragte der Lehrer und grinste. Nun lachte die ganze Klasse. „Also gut", fuhr der Lehrer fort, „so aufgemotzt in Purpur und Gold, den Lorbeerkranz auf seinem Haupt, zog *Empedokles,* begleitet von seinen Anhängern, als

Wanderprediger und Wunderheiler durch die Lande. Bewundert von seinen Anhängern, vollzog er magische Riten und soll sogar Krankheiten mit Magie und Zauberformeln geheilt haben."

„Wie kann man mit Zauberformeln Krankheiten heilen?", fragte Susanne.

„Nun", sagte der Lehrer, „vermutlich handelte es sich dabei nicht um schwere Krankheiten, wie Herzinfarkt oder gar Krebserkrankungen, sondern vielmehr um leichte Fälle, wie Fieber, Übelkeit oder Husten, die weniger durch die Zauberformeln als durch die dabei verabreichten Kräuter geheilt wurden. Denn er beherrschte ja die damalige Medizinkunst sehr gut und hatte mit der Zeit auch genügend psychologische Erfahrung, um einige Erfolge auf diesem Gebiet zu erzielen. Leider gelang ihm das nicht immer und wenn dann trotzdem einer das Zeitliche segnete, dann war es eben der Wille der Götter."

„Das ist ja in einigen afrikanischen Ländern auch heute noch so, dass die Menschen von Medizinmännern mit Zaubersprüchen und Ähnlichem beglückt werden“, meinte Dagmar.

„Ja, leider kommt die medizinische Versorgung auch heute noch nicht allen zugute“, erwiderte der Lehrer und erzählte dann, „dass trotz einiger Erfolge des *Empedokles* seine Mitbürger von seiner göttlichen Abstammung doch nicht überzeugt waren und als er ihnen auch noch den Rat gab, sich der Ehe, des Sex und der Bohnen(!) zu enthalten, schüttelten alle über den vermeintlich Irrsinnigen nur noch den Kopf.“

„Bei den Bohnen verstehe ich es ja“, meinte Alex lachend und die Klasse lachte mit, „aber warum sollten sich die Menschen auch des Sex enthalten?“, wollte er wissen.

„Ich vermute wegen der vielen Geschlechtskrankheiten, die zu der Zeit nicht geheilt werden konnten“, antwortete der Lehrer, und »Safer Sex« oder, wie er im deutschen Sprachraum genannt wird, »geschützten Sex« gab es ja damals noch nicht.“ Der Lehrer erzählte uns dann, dass *Empedokles* über die Ignoranz seiner Mitmenschen schließlich so enttäuscht gewesen sei, dass er sich schließlich, um seine Göttlichkeit zu beweisen, in den Krater des Ätna gestürzt haben soll, um darin spurlos zu verschwinden. Doch auch diese, seine letzte Entscheidung war ein totales Fiasko, denn seine goldenen Sandalen sollen am Rande des Kraters zurückgeblieben sein, sodass seine Sterblichkeit ja schließlich doch bewiesen wurde.

„Dieser Hirni hatte ja wirklich einen Knall“, meinte Edi.

„Nun, das war die eine Seite des Philosophen“, erwiderte der Lehrer, „er hatte ja auch seine guten Seiten, sonst würden wir ja heute nicht mehr über ihn sprechen.“

„Na Gott sei Dank“, meinte Sofie „ich hatte mich sowieso gefragt, was ich mit all dem anfangen soll.“

„Wie gesagt“, fuhr der Lehrer dann fort, „*Empedokles* war ausgebildeter Arzt und als solcher bekämpfte er zum Beispiel die Malaria, indem er einen Teil der Sümpfe um Agrigent trocken legen ließ. Er war aber auch ein durchaus nüchterner Beobachter und scharfsinniger Denker. Wie alle Philosophen seiner Zeit stellte auch er sich die Frage nach dem Ursprung aller Dinge. Er konnte allerdings seine Lehre auf den Ideen vieler seiner Vorgänger aufbauen, die jeweils einen einzigen Urgrund oder Urstoff aller Dinge in dieser Welt sahen. Wie ihr bereits wisst, hatte *Thales von Milet* sich als Erster die Frage nach dem gemeinsamen Urstoff gestellt.“

„Nach *Thales* war das »Wasser« der Urstoff aller Dinge“, warf Dagmar ein, „weil es ohne Wasser kein Leben gibt.“

„Richtig“, erwiderte der Lehrer und erwähnte dann, dass etwa zur gleichen Zeit, also im 6. Jahrhundert vor Christus, *Anaximenes von Milet*, ein Naturphilosoph aus der Schule des *Thales*, die »Luft« als den Urstoff der Welt sah, da ohne Luft weder Menschen noch Tiere leben können. Für *Heraklit von Ephesos* schließlich war das »Feuer« der Urstoff aller Materie.

„Das ist ja sehr interessant“, sagte Joel, „die Naturphilosophen hatten also für jeden Aggregatzustand ein Element genannt.“

„Wofür stand aber das »Feuer«?“, fragte Colin.

„Das »Feuer« sahen die Philosophen damals auch als einen Stoff an, den sie allerdings nicht näher erklären konnten. Wir würden es heute als »Energie« deuten.“

„Fehlt da nicht noch die »Erde«?“, wollte René wissen.

„Richtig, das sah auch *Empedokles* so und so fügte er den drei Urstoffen noch die »Erde« hinzu. In der »Erde« sah er nämlich den eigentlichen Schoß des Lebens, in den der Mensch nach dem Tode zurückkehrt.“

Nach einer Pause fuhr der Lehrer fort. „Wie ihr seht, haben alle genannten Philosophen den Urstoff immer mit dem Leben in Verbindung gebracht und vertraten die Meinung, dass das Leben nur gemeinsam mit den Stoffen existieren kann."

„Logo", meinte Alex, „wo soll das Leben denn sonst sein, wenn nicht in einem Körper?"

Der Lehrer erklärte uns dann, dass *Empedokles* demnach die Auffassung vertrat, dass alle Dinge, die uns umgeben, aus vier qualitativ voneinander verschiedenen Urstoffen oder »Wurzeln«, wie er sie nannte, bestehen. Diese waren seiner Meinung nach: »Erde, Wasser, Luft und Feuer«. Jeder dieser Urstoffe sollte aus gleichartigen, unveränderlichen Teilchen gebildet sein, wobei die Verschiedenheit und Vielfalt der sichtbaren Welt ausschließlich durch die Art der Verteilung zustande kommen.

„Habt ihr das verstanden?", fragte uns der Lehrer.

„Klar doch", erwiderten einige und nickten.

„Also gut, wir müssen davon ausgehen, dass *Empedokles* als Arzt natürlich gute Kenntnisse der pharmazeutischen Praxis besaß und seine Heilwässerchen, Salben und Tinkturen selbst zusammengemixt hatte. Wahrscheinlich nahm er dabei an, dass durch die Mischung verschiedener Stoffe neue Stoffe entstehen, die durch Entmischung wieder in ihre Bestandteile zerlegt werden können." Der Lehrer meinte dann, dass *Empedokles* vermutlich daraus die Schlussfolgerung zog, dass alle Stoffe oder Substanzen, die uns umgeben, durch »Mischung« und »Entmischung«, also durch Vereinigung und Trennung der kleinsten Teilchen der vier Urstoffe oder Elemente, zustande kommen. Da die Urteilchen sich aber nicht von selbst mischen oder entmischen können, folgerte *Empedokles,* dass der Auslöser dieser Vorgänge der Kampf zweier gegensätzlicher Urkräfte, der »Liebe« und des »Hasses«, sei. „Liebe", fuhr der Lehrer fort, „führt zur Mischung, also zur Vereinigung, während Hass zur

Entmischung, also zur Trennung, führt, wobei sich Empedokles auf die Anziehung zwischen den kleinsten Teilchen bezog."

„Wie im echten Leben", meinte Judit lachend.

„Natürlich, wie im echten Leben", erwiderte der Lehrer, „die Naturphilosophen haben sich ja stets an ihrer Umgebung orientiert und so vollziehen sich nach *Empedokles* das ständige Mischen und Trennen abwechselnd im ewigen Kreislauf, oder wie er es nannte, im »Umschwung der Zeit«. Daher gibt es seiner Meinung nach auch kein Entstehen und Vergehen, sondern nur einen ständigen und ewigen Austausch der Urteilchen untereinander."

„Und wie Recht er damit hatte", meinte Wolfgang.

„Ja, Mischungen sollten nach *Empedokles* durch den Zusammenschluss der Urteilchen entstehen, die sich dabei aber nicht verändern, sondern ihre ursprüngliche Natur beibehalten", ergänzte der Lehrer.

„Wie sollen wir das verstehen?", fragte Dagmar.

„Stellt euch vor, ihr mischt zum Beispiel gelbes und blaues Pulver gut miteinander, dann entsteht ein scheinbar grünes Pulver, in dem man die einzelnen Bestandteile nicht mehr unterscheiden kann. Betrachten wir das Ganze aber durch eine Lupe, so können wir feststellen, dass in dem angeblichen grünen Pulver die gelben und blauen Pulverteilchen unverändert enthalten sind."

„Na klar, so sehen wir ja auch eine Mischung", sagte Edi.

„Ja", meinte der Lehrer, „nur *Empedokles* war fälschlicherweise der Meinung, dass alle Stoffe Mischungen seien."

„Was sind sie dann?", fragte Bianka.

„Nun, wie ihr wisst, sind Wasser, Säuren, Basen oder Salze keine Mischungen, sondern chemische Verbindungen, aber diesen Unterschied konnte *Empedokles* damals natürlich noch nicht erkennen. Genau dieser Unterschied zwischen Mischung und Verbindung veranlasste später *Aristoteles,* der Mischung eine neue Qualität zu geben und die Elemente des *Empedokles* neu zu erklären."

Nach einer kurzen Pause fuhr der Lehrer dann fort: „Leider sind die Werke des *Empedokles,* die in Form von Gedichten übermittelt wurden, nur noch unvollständig erhalten geblieben, aber sie haben uns dennoch erste Überlegungen über die Struktur der Substanzen geliefert."

***

Die Stunde war damit zu Ende und einige von uns wurden nachdenklich über diese tragische Geschichte eines der größten Denker der Antike. Wir hatten aber auch erkannt, dass wir die Menschen nicht nach ihrem Äußeren beurteilen sollten, sondern dass es die geistigen Werte sind, auf die es bei einem Menschen ankommt.

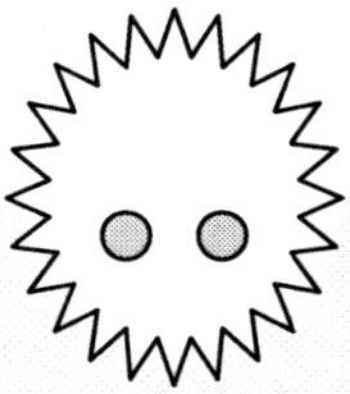

Empedokles aus Akragas

Griechischer Naturphilosoph,

Geb. 483 oder 482 v. Chr. in Akragas auf Sizilien, heute Agrigent, gest. 425 v. Chr.

Er führte Sein und Werden auf vier Urstoffe oder Elemente zurück:

Erde, Wasser, Luft und Feuer

Jeder dieser Urstoffe besteht aus gleichartigen, unveränderlichen Urteilchen, aus deren Mischung und Entmischung die ganze Vielfalt der sichtbaren Welt entstanden sein soll.

Alle Veränderungen werden durch zwei Urkräfte, *Liebe* und *Hass,* bewirkt.

Alle Stoffe sind Mischungen, in denen die einzelnen Bestandteile ihre eigene Natur beibehalten.

»Es gibt kein großes Genie ohne
einen Schuss Verrücktheit.«
Aristoteles

Aristoteles,
der eitle Philosoph

Inzwischen hatten wir einige der griechischen Naturphilosophen kennen gelernt und an den antiken Sonderlingen Gefallen gefunden. Dass es auch unter uns genügend Sonderlinge gab, darüber haben wir uns damals keine Gedanken gemacht. Wie dem auch sei, als wir heute in das Klassenzimmer kamen, sahen wir ein Poster an der Tafel hängen, das den Kopf eines bärtigen Mannes mit gewelltem Haar zeigte, eben wie die Männer im Altertum ausgesehen haben. Der Name des Mannes war verdeckt, doch darunter konnten wir die Jahreszahlen 384-322 vor Christus und daneben die Frage „Wer ist das?" lesen.

Unser Lehrer wollte uns also auf die Probe stellen und wir gingen darauf ein. Einer der Schüler kannte den Kopf aus dem Vatikanischen Museum in Rom, aber eigentlich wussten wir aus der Parallelklasse, welcher der griechischen Philosophen heute besprochen werden sollte. Umso erfreuter war der Lehrer dann, als er in die Klasse kam und die Antwort auf der Tafel las: *Aristoteles.*

„Prima", meinte der Lehrer, „ich dachte nicht, dass ihr ihn erkennen würdet, die sehen ja fast alle gleich aus", und dann erzählte er uns, dass *Aristoteles* neben *Platon* zu den größten und wichtigsten unter den griechischen Philosophen gezählt wird. Er wurde im Jahre 384 vor Christus in Stagira, einer kleinen griechischen Ortschaft in Thrakien, im nordöstlichen

Griechenland geboren und wurde daher auch der »Stagirist« genannt.

Anders als sein Lehrer *Platon* gehörte *Aristoteles* keinem aristokratischen Geschlecht an, sondern kam aus einem gutbürgerlichen Haus aus der Provinz. Sein Vater war jedoch kein Irgendwer, sondern ein Arzt, der immerhin den Titel des Leibarztes des Königs *Amyntas* von Makedonien trug und damit auch zur High Society gehörte. Nichts lag also näher, als dass der Sohn die väterliche Praxis übernommen hätte. Aber der siebzehnjährige *Aristoteles* junior, der als schwach auf den Beinen, kleinäugig und etwas lispelnd beschrieben wird, wollte sein Leben nicht in einem Provinznest wie Stagira fristen, wenn schon die große, weite Welt auf ihn wartete. So entschied er sich, gegen den Willen des Vaters und der Familie nach Athen zu gehen und zu studieren. Der Vater fiel aus allen Wolken und, entsetzt über diese Entscheidung, rannte die Familie zum örtlichen Orakel, um sich Rat zu holen und zu erkundigen, was der liebe Junge denn in Athen machen sollte. Die göttliche Antwort ließ sie jedoch erstarren: »Euer Sohn soll nach Athen gehen und Philosophie studieren«, entschied das Orakel, wonach die Eltern endgültig von den Socken waren. »Unser Sohn, ein Philosoph«, der Vater konnte es nicht fassen.

„Wieso wollte *Aristoteles* Philosophie studieren?", fragte Lydia.

„Nun, dies war damals nicht außergewöhnlich", erwiderte der Lehrer, „das Studium der Philosophie, in der damals alles Wissen der Zeit zusammengefasst worden war, bot die nötigen Voraussetzungen für eine aussichtsreiche Kariere und Athen war zu der Zeit das geistige Zentrum Griechenlands. Das große Vorbild des jungen *Aristoteles* war *Platon*, der wohl bedeutendste griechische Philosoph."

„Gibt es auch deutsche Philosophen?", fragte Sven.

„Ja, ja, Sven will auch Philosoph werden" kam es prompt aus der Klasse, „der philosophiert ja den ganzen Tag." Und alle lachten.

„Schnauze, ihr Dämlinge", erwiderte Sven.

„Schon gut", meinte der Lehrer, „philosophieren kann jeder nach Belieben, deshalb ist er aber noch lange kein Philosoph. Natürlich gab es auch deutsche Philosophen, denkt mal an *Schopenhauer, Kant, Hegel ...*"

„*Nietzsche*", warf René ein.

„Ja, und viele andere. Aber zurück zum Thema. Nach längeren Auseinandersetzungen gab die Familie schließlich entnervt nach. Der Vater stattete den Sohnemann großzügig aus, damit ihm ja nichts fehlen sollte, aber vor allem, weil die Familie sich vor dem großen *Platon* nicht blamieren wollte. So zog der junge *Aristoteles* schließlich, umhüllt mit edlem Zwirn, das Haar modisch gestylt, nach Athen. Wie viele Philosophen war nämlich auch er der Meinung, zur Glückseligkeit gehöre es, die Freuden und Güter dieser Welt ausreichend zu genießen, und eitel, wie er war, trug er auch noch an jedem Finger einen dicken Ring."

„Das war ja ziemlich unbequem", bemerkte Susanne, „so kann man ja gar nichts anfassen."

„Ja, was tut man nicht alles, um aufzufallen", meinte Marco und sah Susanne herausfordernd an.

„Nun, ja", erwiderte der Lehrer, „auf seine Umgebung mag das wohl sonderbar gewirkt haben. Wie dem auch sei, nach einer langen Reise erreichte *Aristoteles* schließlich Athen, wo er im »heiligen Hain des Akademos« auf *Platon* traf, umgeben von einer Schar von Schülern, mit denen er, in Gedanken versunken, gemeinsam philosophierte. Der bärtige *Platon* sah den aufgetakelten Jüngling erstaunt an und er wird sich gefragt haben, was das Ohrfeigengesicht wohl mit Philosophie zu tun habe."

„Wurde er von *Platon* gleich aufgenommen?", wollte Edi wissen.

„Ja, schon", erwiderte der Lehrer, „denn damals wie heute konnte man mit Kohle viel erreichen und die hatte *Aristoteles* von seinem vermögenden Vater reichlich erhalten. Nun, wie auch immer, bald fiel der junge *Aristoteles* seinem Meister durch seinen Fleiß zum Lernen und Lesen auf, sodass *Platon* ihn ganz philosophisch den »Leser« nannte. In dessen Umgebung fühlte sich *Aristoteles* sehr wohl und bald entwickelte sich zwischen beiden eine gewisse Zuneigung, die man heute wahrscheinlich als »platonische Liebe« bezeichnen würde."

„So, so", meinte Niels.

„Na ja", fuhr der Lehrer fort,„zwanzig Jahre blieb *Aristoteles* bei seinem großen Lehrer, den er so verehrte, dass er ihn sogar einen Gott nannte. Nach *Platons* Tod, 347 vor Christus, verließ

Aristoteles Athen und setzte seine Forschungen in Assos in Kleinasien fort."

„War *Aristoteles* verheiratet?", fragte Jana.

„Weiber", meinte Alex „denken immer nur ans Heiraten, übrigens, dein Make-up ist verwischt."

„Dämlack", erwiderte sie und guckte verstohlen in ihren Spiegel.

„Ja", antwortete der Lehrer, „in Assos heiratete er *Pythias,* die Tochter seines Gastgebers, die ihm bald eine Tochter schenkte, jedoch bei deren Geburt starb. Ein Adoptivsohn und ein Sohn aus einer späteren Ehe ergänzten schließlich das Glück des lebenslustigen Philosophen. Im Jahre 343 vor Christus folgte *Aristoteles* dem Ruf an den Hof des makedonischen Königs *Philipp II.* als Erzieher seines Sohnes *Alexander des Großen,* der damals jedoch noch nicht groß, sondern ein rotzfrecher, wilder Grasaffe von dreizehn Jahren war, der *Aristoteles* viel Ärger bereitete. Neun Jahre später, nachdem der 22-jährige *Alexander* selbst König war, kehrte *Aristoteles* nach Athen zurück. Übrigens, wer von Euch war schon in Athen?"

Es meldeten sich einige Schüler, die von den unzähligen Baudenkmälern, der »Plaka«, der »Agora«, dem »Nationalmuseum«, dem »Stadion« und vor allem der »Akropolis« schwärmten. Maria, eine Mitschülerin, stammte sogar aus Athen.

„»Akropolis« bedeutet Oberstadt, weil sich das frühe Athen auf einem Berg befand, da, wo heute die alten Tempel stehen", erklärte Maria schüchtern.

„Das wusste ich nicht, danke sehr Maria", erwiderte der Lehrer und erzählte uns dann, dass *Aristoteles* in Athen, wahrscheinlich finanziell unterstützt von *Alexander dem Großen,* seine eigene Philosophenschule gegründet hatte. Mit solch königlicher Unterstützung kaufte er sich natürlich in der schönsten und elegantesten Gegend Athens südlich der Akropolis am Talrand des Flusses Ilissos eine Gruppe von Gebäuden mit schattigen Gärten und gedeckten Wandelhallen, die dem Apollon *Lykeios* gewidmet waren. Die Schule wurde deshalb in »Lykeion« umbenannt, während man die Schüler nach den gedeckten Wandelhallen, auf Griechisch »peripatos«, in denen sie während des Unterrichts heftig diskutierend ständig hin und her liefen oder, vornehmer und edler ausgedrückt, wandelten, die »Peripatetiker« nannte. Aber schon damals soll es zwischen den zahlreichen Schulen große Konkurrenz gegeben haben und deshalb konzentrierte sich das Lykeion schließlich verstärkt auf die Naturwissenschaften. *Aristoteles* und seine Schüler sammelten das gesamte damals existierende Wissensmaterial, das sie dann systematisch untersuchten, ordneten und ergänzten.

„Womit beschäftigte sich Aristoteles eigentlich", fragte Colin.

„Nun, wie viele Philosophen des vorchristlichen Jahrtausend", antwortete der Lehrer, „beschäftigte auch *Aristoteles* die Frage nach dem Wesen und dem Ursprung der Dinge, dem Prinzip, nach dem alles entsteht und vergeht. Aber auch, ob sich die Vielheit in der Natur auf einen gemeinsamen Urgrund zurückführen lässt, der nur in verschiedenen Erscheinungsformen auftritt. In diesen Fragen konnte *Aristoteles* allerdings bereits auf die Erkenntnisse früherer Philosophen zurückgreifen."

„Sie meinen wohl *Thales, Demokrit, Empedokles* und so weiter", fügte Joel hinzu.

„Ja", erwiderte der Lehrer, „vor allem die Lehre des *Empedokles* von den vier Elementen und den Mischungen waren für *Aristoteles* von großer Bedeutung. Während für *Empedokles* alle Stoffe Mischungen waren, hatte *Aristoteles* erkannt, dass es zwischen den verschiedenen Substanzen erhebliche Unterschiede gab, die er allerdings nicht erklären konnte."

„Wie sollen wir das verstehen?“, fragte Colin.

„Nun, wie eine Mischung zu verstehen ist, haben wir bereits bei *Empedokles* geklärt. Mischen wir zum Beispiel Zucker mit Sand, so können wir die einzelnen Bestandteile kaum noch erkennen, aber sowohl der Zucker als auch der Sand sind in der Mischung unverändert geblieben und können auch wieder getrennt werden.“

„Wie kann man die trennen?“, wollte Bianka wissen.

„Ihr wisst ja, dass Zucker in Wasser löslich ist, Sand dagegen aber nicht“, bemerkte der Lehrer, „ihr müsst also nur Wasser über die Mischung schütten, dann wird sich der Zucker auflösen, das Zuckerwasser kann man dann abgießen. Bei der Reaktion zwischen Sauerstoff und Eisen entsteht dagegen Eisenoxid, also Rost. In dieser Reaktion hat das Eisen seine Natur verloren, es ist sozusagen im Eisenoxid verschwunden, dabei ist eine »chemische Verbindung« entstanden. Das Eisen kann nur durch eine chemische Reaktion, zum Beispiel durch Erhitzen mit Kohle, also durch »Reduktion«, aus dem Rost wieder gewonnen werden. Habt ihr das verstanden?“, fragte uns dann der Lehrer.

Da wir schon einige Kenntnisse aus der Chemie hatten, war uns der Unterschied zwischen einer Mischung und einer chemischen Verbindung jetzt eigentlich klar.

„Auch bei der Reaktion zwischen Wasserstoff und Sauerstoff, bei der Wasser entsteht, verschwinden die beiden Gase im Wasser“, fuhr der Lehrer fort,„wir können daher festhalten, dass in einer Mischung die einzelnen Bestandteile erhalten bleiben, während sich diese in der chemischen Verbindung verändern. Eine Verbindung hat also eine ganz andere Qualität als eine Mischung und genau das ist das Verdienst des *Aristoteles,* diesen Unterschied erkannt zu haben. Wissenschaftlich konnte

Aristoteles diesen Unterschied natürlich nicht erklären und so versuchte er es auf philosophische Weise."

„Wie kann man das philosophisch erklären", fragte Sofie.

„Also, ich sagte, er versuchte", meinte der Lehrer lächelnd, „*Aristoteles* richtete seine Lehre darauf aus, die qualitativen Umwandlungen und damit das Wesen der Stoffe und das Entstehen neuer Stoffe zu erklären."

„Wie macht man das?", wollte Wolfgang wissen.

„Für unser heutiges Verständnis klingt es etwas sonderbar und ist vielleicht auch schwer verständlich. Aber *Aristoteles* sah in den vier Elementen des *Empedokles* keine materiellen Substanzen, sondern nur die Erscheinungsformen, sogenannte »Prinzipien« eines hypothetischen, also erdachten Urstoffes, den er »Hyle« nannte. Diesem ordnete er jeweils zwei von vier Eigenschaften der Stoffe zu, die wir mit unseren Tastsinn wahrnehmen können, nämlich »warm«, »kalt«, »trocken« und »feucht«. Das Feuer ist warm und trocken, die Luft warm und feucht, das Wasser kalt und feucht, während die Erde kalt und trocken ist."

„Mal sprechen Sie von »Urstoffen«, mal von »Elementen« und »Grundstoffen«, dann von »Prinzipien«, was sind sie nun wirklich?", fragte Chris.

„Also", erwiderte der Lehrer, „alle vier Wörter beschreiben die Grundbestandteile, aus denen alle Stoffe bestehen. Dazu verwendeten die Naturphilosophen die Begriffe »Urgrund« oder »Urstoff«. *Platon* und *Aristoteles* führten dafür dann das Wort »stoichea« ein, dessen lateinische Version »Element« ist, und nichts anderes als »Grundstoff« bedeutet." Dann erklärte er uns weiter, dass »Element« ein Kunstwort ist, das erst etwa 100 Jahre vor Christus, also zur Zeit *Ciceros*, durch Zusammenstellung der drei Buchstaben l – m - n und tum gleich El-Em-Entum gebildet wurde, wobei man annahm, so wie die Worte aus

Buchstaben entstehen, so bestehen die Stoffe aus Elementen. Andererseits wird vermutet, dass dieses Wort von dem griechischen Wort Elefant stammt, da in den antiken Schulen die Buchstaben aus Elfenbein bestanden. Später hat man für die Elemente den Begriff »Prinzipien« eingeführt.

„Ziemlich verwirrend, da kommt man ja ganz schön durcheinander", meinte Colin.

„Ihr müsst berücksichtigen, dass es sich ja auch um einen Zeitraum von etwa 2000 Jahren und um verschiedene Regionen der Erde handelt, so ist es nicht verwunderlich, dass verschiedene Bezeichnungen eingeführt wurden. Der Begriff des Elements wurde erst im 18. Jahrhundert geklärt und wird seitdem ausschließlich verwendet. Habt ihr das jetzt verstanden?"

„Ja, eigentlich schon", erwiderte Heidi und die Klasse stimmte zu. Der Lehrer erklärte dann weiter, dass nach *Aristoteles* die Vielfalt unserer Erscheinungswelt damit auf vier Elemente zurückgeführt, jedoch von der jeweiligen Mischung bestimmt wird. Eine Mischung enthält demnach alle vier Elemente, wobei der Charakter der Mischung von dem in ihr überwiegend vorhandenen Element abhängt.

„Ich versteh nur Bahnhof", bemerkte Susanne.

„Gut", fuhr der Lehrer fort, „also, das heißt, dass zum Beispiel flüssige und kalte Stoffe mehr Wasser und trockene und warme Stoffe eben mehr Feuer enthalten. Durch Veränderung einer oder beider Grundeigenschaften können nach *Aristoteles* sowohl die Elemente als auch die Stoffe ineinander übergehen, sich also umwandeln. So zum Beispiel wird beim Erwärmen von Wasser die Eigenschaft kalt durch warm ersetzt, wobei aus Wasser Luft wird. Wird die Eigenschaft feucht der Luft durch trocken ersetzt, so wird aus Luft Feuer und so weiter."

„Ich glaube, ich habe jetzt verstanden", erklärte Susanne zufrieden.

„Na endlich hat auch sie es verstanden", bemerkte Sven, der ewige Stänkerer.

„Waren das nun alle Elemente in der Antike?", fragte Joel.

„Nein", erwiderte der Lehrer „*Aristoteles* postulierte noch ein fünftes Element, den »Äther«, oder die »quinta essentia«, also das fünfte Element oder »Quintessenz«, das nach Meinung des *Aristoteles* den gesamten Himmelsraum einnahm."

„Konnte man damals tatsächlich Elemente ineinander umwandeln?", erkundigte sich Chris.

„Mit den damals bekannten Methoden war das freilich nicht möglich", erklärte der Lehrer, „aber leider hat *Aristoteles* mit der Annahme, dass die Umwandlung der Elemente oder Stoffe, die sogenannte »Transmutation«, möglich sei, unbeabsichtigt die menschliche Habgier geweckt, die im Mittelalter aufgrund der Versuche, aus allen möglichen Stoffen Gold herzustellen, seltsame Blüten trieb."

„Kann man Elemente heute umwandeln?", fragte Judith.

„Heute ist das möglich", meinte der Lehrer, „allerdings benötigt man dazu riesige Anlagen, wie zum Beispiel »Teilchenbeschleuniger«, »Kernreaktoren« und so weiter."

„Man sollte alle Kernreaktoren abschalten", meinte Sven.

„Halt die Klappe", konterte Bianka, „musst du immer deinen Senf dazugeben?"

„Ich dachte, in Kernreaktoren wird Strom erzeugt", meinte Sofie.

„Nein", erwiderte der Lehrer, „in den Kernreaktoren werden Atomkerne gespalten und mit der dabei freigesetzten Wärme Wasserdampf erzeugt. Der Wasserdampf wird zu den Turbinen geleitet, die sich dabei drehen. In den an die Turbinen gekoppelten Stromgeneratoren wird dann elektrischer Strom erzeugt. Das ist das gleiche Prinzip wie in Kohle-, Erdöl- oder

Gaskraftwerken, die sich nur dadurch unterscheiden, wie das Wasser erhitzt wird."

„Ach so", wunderten sich einige.

„Wie viele chemische Elemente kennt man heute?", fragte Joel.

„Nun, wie ihr bestimmt wisst", fügte der Lehrer hinzu, „gibt es insgesamt 92 natürliche chemische Elemente, vom Wasserstoff bis zum Uran. Weitere 24 schwerere Elemente als Uran, sogenannte »Transurane«, wurden seit 1940 in den Laboratorien in Berkeley, USA, Dubna, Russland und in Darmstadt künstlich hergestellt. Heute wissen wir allerdings, dass von den Elementen des *Aristoteles* kein Einziges ein chemisches Element im heutigen Sinne war. Wie die meisten seiner Vorgänger hatte sich also auch *Aristoteles* geirrt. Dennoch sind die Lehren der antiken Philosophen für uns auch heute noch so wichtig, weil sie verdeutlichen, dass sich die Menschen auch im Altertum schon Fragen über den Aufbau unserer Welt gestellt und mit den ihnen damals zur Verfügung stehenden Mitteln versucht haben, diese Fragen zu beantworten."

Nach einer kleinen Pause erzählte uns der Lehrer, dass nach dem Tode *Alexanders des Großen*, 323 vor Christus, der ja König von Makedonien war, das auch die griechische Halbinsel beherrschte, *Aristoteles* fürchtete, von der Opposition gegen Makedonien in Athen der Gottlosigkeit angeklagt zu werden. Daraufhin zog er sich auf sein Landgut in Chalkis auf der griechischen Insel Euböa zurück, wo er im Alter von 62 Jahren angeblich an einem Magenleiden starb Er hinterließ zahlreiche Werke, die neben Naturphilosophie vor allem die Gebiete *Logik, Erkenntnistheorie, Wissenschaftstheorie, Ethik* und *Politik, Metaphysik* und *Kunsttheorie* umfassen.

***

Damit war auch diese Stunde, in der wir einen bedeutenden Einblick in die Gedankenwelt der Antike erhalten hatten, zu Ende gegangen. In den weiteren Stunden sollten wir uns nun mit den Auswirkungen der Lehren der antiken Naturphilosophen in den folgenden Jahrtausenden beschäftigen.

Aristotels (genannt der *Stagirit*)

Griechischer Naturphilosoph,
Geb. 384 v. Chr. in Stagira, gest. 322 v. Chr. bei Halkis auf Euböa.

Begründer der wissenschaftlichen Philosophie. Er erkannte als Erster den Unterschied zwischen Mischungen und chemischen Verbindungen.

Die Elemente des *Aristoteles* sind:

Erde, Wasser, Luft, Feuer und ***quinta esentia.***

Diese Elemente konnten nach Aristoteles ineinander umgewandelt werden. Keines dieser Elemente gehört jedoch zu den 118 bis heute bekannten chemischen Elementen.

Seine weiteren Arbeitsgebiete waren:

- *Logik*
- *Erkenntnistheorie*
- *Wissenschaftstheorie*
- *Ethik* und *Politik*
- *Metaphysik*
- *Kunsttheorie.*

»Er entdeckte den Phosphor im Urin«, pfui!
Der Autor

Henning Brand
und seine „stinkenden" Experimente

Nach den bisherigen Unterrichtsstunden konnte uns eigentlich nichts mehr so leicht aus der Fassung bringen. So dachten wir mindestens bis heute, als wir eine Geschichte hörten, bei der wir buchstäblich platt waren und sich unsere Nackenhaare sträubten.

„Mehr als zweitausend Jahre nach den alten, alten Griechen", begann der Lehrer, „an einem schönen Sommerabend, als die Einwohner Hamburgs auf Baumstümpfen vor ihren Häusern saßen, Tabak kauten und Schnaps tranken, marschierte eine Hundertschaft Söldner in geheimer Mission durch die dreckigen und staubigen Straßen der Hansestadt. Das Stampfen der derben Söldnerschuhe störte zwar die Harmonie des stillen Abends, war aber auch eine willkommene Abwechslung vor allem für das weibliche Jungvolk und die Teenager, die aus allen Gassen der Hansestadt herbeiströmten, um die Söldner zu begaffen."

„Weiber", stellte Marco fest.

„Halt die Klappe, du Quatschkopf", rief Heidi erbost.

„Was war denn so interessant an denen?", fragte Lydia.

„Na ja, es war halt etwas los", erwiderte der Lehrer, „während die meisten sich den ganzen Tag langweilten und von den ewigen Gesprächen über Politik, Arbeitslosigkeit und schamlose Behörden angeödet waren, freuten sie sich über jede Abwechslung, die sich ihnen bot."

„Na toll", kam es aus der Klasse.

„Ihre ernsten Mienen“, fuhr der Lehrer dann fort, „verrieten die wilde Entschlossenheit der Männer, für ihre Geldgeber und Vorgesetzten wie immer alles zu geben. Was aber heute von ihnen verlangt werden sollte, daran wagten sie in ihren kühnsten Träumen nicht zu denken.“

„Machen Sie es doch nicht so spannend“, meinte Luka, „was sollten die Söldner denn tun?“

„Da seid ihr wohl sehr neugierig?“, fragte der Lehrer, „aber etwas Geduld müsst ihr noch haben. Also, unterhalb der St. Petri Kirche am Alten Fischmarkt machten sie schließlich halt. Hier am Rande des Platzes war vor einem älteren Haus über einer Feuerstelle ein großer Kessel aufgestellt und hier erwartete der stadtbekannte Eigenbrötler, bankrotte Kaufmann und Alchimist *Henning Brand,* schlau grinsend, die ankommenden Söldner.“

„Wer war denn dieser *Henning Brand*?“, wollte Colin wissen.

„Nun, über das Leben *Brands* wissen wir nur wenig“, erwiderte der Lehrer, „er wurde irgendwann um 1630 in Hamburg geboren und lebte bis etwa 1692. Wahrscheinlich war er zunächst selbst Söldner, vielleicht auch Offizier, später Kaufmann und da er sich mit dem Verkauf von Arzneimitteln befasste und manchmal auch selbst kurierte, gab er sich als Arzt aus und ließ sich gerne Doktor nennen. Eine Universität hat er aber nie besucht und seine praktischen Kenntnisse hatte er sich vermutlich als Feldscher beim Militär erworben.“

„Was ist ein Feldscher?“, fragte Maria schüchtern.

„Nun, das ist eine Art Chirurg, der für die Behandlung der Wunden verletzter Soldaten zuständig war“, antwortete der Lehrer und erzählte uns, dass *Brand,* der aufgrund seines verschwenderischen Lebensstils immer in finanziellen Schwierigkeiten war, schließlich eine wohlhabende Witwe heiratete, die es ihm ermöglichte, seine Finanznöte vorübergehend zu mindern. Weil er aber das Geld auch weiterhin mit vollen Händen geradezu zum Fenster hinauswarf, war er sehr bald wieder pleite.

„Und was ist nun mit den Söldnern?“, fuhr Bianka dazwischen.

„Alles der Reihe nach“, entgegnete der Lehrer und erzählte weiter: „Es ist nichts Neues, wenn ich euch sage, dass die Menschen schon immer mit allen möglichen Mitteln nach Wohlstand und Reichtum strebten. Im Mittelalter war das natürlich auch nicht anders. Vor allem war das Gold, das damals wie heute die Sinne der Menschen verblendete, so begehrt, dass es von Goldmachern, sogenannten »Alchimisten«, überall nur so wimmelte. Mit ihren mittelalterlichen Methoden versuchten sie, tage- und nächtelang, auf Teufel komm heraus, das edle Metall zu erzeugen.“

„Das würde ich auch“, meinte Alex und die Klasse lachte.

„Wer denn nicht“, entgegnete der Lehrer, „nur müsst ihr wissen, je mehr Gold auf dem Markt ist, um so tiefer sinkt der Preis.“

„Na wenn schon?“, hielt Edi dagegen, „für einen Porsche wird es ja noch reichen“, und grinste.

„Wie wollten die Alchimisten denn Gold erzeugen?“, fragte René.

„Gute Frage“, antwortete der Lehrer und meinte, „dass als Grundlage ihrer Vorstellungen die überlieferten Schriften des *Aristoteles* galten, aus denen sie sich allerdings nur das heraussuchten, was ihnen in den Kram passte. Vor allem die Lehre über die Elemente und die Mischungstheorie des *Aristoteles*, nach der die vier Elemente durch Veränderung ihrer Grundeigenschaften sich ineinander umwandeln können, fanden sie dafür geeignet. Da sie aber mit den üblichen alchimistischen Methoden wie Kochen, Kalzinieren, Destillieren und so weiter das gesuchte Gold nicht herstellen konnten, dachten sie, dass dazu noch eine weitere Substanz nötig wäre, die ähnlich einem Katalysator die Umwandlung der Stoffe, die sogenannte »Transmutation«, beschleunigen sollte. Dazu musste nun die von *Aristoteles* er-wähnte »Quintessenz«, später auch »Stein der Weisen« oder das »Große Elixier« genannt, herhalten."

„Was ist eigentlich der Stein der Weisen?", fragte Joel.

„Das wussten die Alchimisten eigentlich auch nicht so genau", antwortete der Lehrer, „Tatsache ist, dass sie dabei an eine Substanz dachten, die unedle Substanzen, wie Quecksilber, Kupfer oder Blei, in Gold oder Silber verwandeln oder auch in verdünnter Lösung den Menschen ewige Gesundheit oder sogar Unsterblichkeit verleihen könnte."

„Das ist ein Ding, unsterblich und auch noch reich, da kann ich ja den Eifer der Alchimisten verstehen", ergänzte Claudia.

„Allerdings", erwiderte der Lehrer, „wurde dieser Eifer auch von verschiedenen Scharlatanen und Betrügern gründlich ausgenutzt, die angaben, das edle Metall herstellen zu können. Nicht selten führten sie auf Jahrmärkten der gierigen und staunenden Menge ihre Künste vor und verkauften ihre Geheimnisse dann für gutes Geld."

„Wie haben sie das angestellt ?", wollte Susanne wissen.

„Der Trick war ganz einfach", entgegnete der Lehrer, „sie mischten allerlei angeblich magische Stoffe, die sich allerdings als ganz alltägliche Substanzen, wie Kochsalz, Pfeffer, Kalkpulver, Sand, schmutziges Wasser und andere, erwiesen, in einen leeren Tontiegel. Dann wurde ein Tondeckel darüber gelegt und das Ganze erhitzt. Als der Alchimist dann nach einigem Hokuspokus und Beschwörungsformeln den Deckel hob, entdeckten die erstaunten Zuschauer einige Klümpchen Gold im Tiegel."

„Wie ist so was möglich?", wollte Niels wissen.

„Naja, des Rätsels Lösung war, dass die Goldklümpchen bereits vorher im Deckel mit Paraffin befestigt waren, das unter der Hitze schmolz, wobei die Goldklümpchen herunterfielen."

„Ganz schön raffiniert", meinte Jana, „ist man diesen Galgenvögeln nicht draufgekommen?"

„Manchmal schon, dann hat man sie entweder verprügelt, geteert und gefedert oder an den ersten besten Baum gehängt."

„Das ist ja barbarisch, gab es denn keine Gerichte?", fragte Sofie.

„Leider waren die Menschen im 17. Jahrhundert etwas schneller mit ihren Urteilen", antwortete der Lehrer, „aber wie ich schon sagte, war auch *Brand* Alchimist und zeit seines Lebens von mystischen Vorstellungen besessen, die ihn dazu trieben, dem Stein der Weisen nachzujagen, um das edle Metall zu erzeugen. Im Glauben, durch alchimistische Experimente an das Ziel seiner Träume zu gelangen, untersuchte *Brand* verzweifelt alle möglichen Substanzen, in denen er den Stein der Weisen eben vermutete. Obwohl nicht gerade von hoher Geistesgabe, so war er auch nicht auf den Kopf gefallen oder gar begriffsstutzig und besaß ein relativ gutes Urteilsvermögen. Denn sonst wäre *Brand* wohl niemals auf die Idee gekommen, in der goldgelben Farbe des tierischen und menschlichen Urins eine Gemeinsamkeit mit dem edlen Gold zu entdecken und im Urin den Stein der Weisen zu suchen ... und dazu brauchte er die Söldner."

„Was?..... Das ist ja purer reiner Quatsch", meinte Bianka.

„Die Söldner mussten sich also in einer langen Reihe aufstellen und unter dem Gelächter der Menschen und dem Gekreische der Mägde und Jugendlichen, die herbeigelaufen kamen, hintereinander in den großen Kessel pinkeln, bis dieser fast randvoll war. Damit war ihre Mission beendet und unter dem tobenden Applaus und dem Geschrei der Menge stampften sie dann wieder ab."

Nun waren wir endgültig aus dem Häuschen, wir lachten, bis unsere Socken qualmten, und strampelten mit den Beinen, dass das ganze Zimmer dröhnte.

„Das ist ja ekelerregend, abscheulich, Sie wollen uns wohl vergackeiern, ich kann das einfach nicht glauben", meinte Jana.

„Nun, ob sich das genau so abgespielt hat oder ob es nur der Fantasie des Autors entsprungen ist, kann ich natürlich nicht sagen", erklärte der Lehrer, „fest steht aber, dass *Brand* tatsächlich versucht hatte, im Urin jene Urmaterie zu suchen, die niedrige Stoffe in Gold verwandeln sollte. Dazu musste er zunächst den im Kessel befindlichen Urin über der Feuerstelle bis zur Entstehung einer sirupartigen Flüssigkeit eindampfen."

„Pfuiii! Das muss ja fürchterlich gestunken haben", rief Marco.

„Angenehm war es bestimmt nicht, aber was tut man nicht alles für Reichtum, ewiges Leben ... und einen Porsche?", meinte der Lehrer grinsend.

Allgemeines Lachen in der Klasse. „Das ist ja oberaffengeil", ergänzte Sven die Stimmung.

„Also, diese sirupartige Flüssigkeit destillierte er dann in seinem Labor in einer Retorte", fuhr der Lehrer fort, „wobei er ein schweres, rötliches Urinöl erhielt. Nach einer weiteren Destillation dieses Öls fand er am Boden der Retorte einen schwarzen Rückstand, den er anschließend stundenlang in einem irdenen Gefäß glühte, bis weiße Nebel entwichen und sich im Gefäß eine gelblich weiße Substanz bildete, die im Dunkeln geheimnisvoll leuchtete. Er starrte gebannt auf das Bild, das sich ihm bot, und in Ekstase über seinen vermeintlichen Erfolg glaubte er, endlich am Ziel seiner Träume angekommen zu sein. Fest überzeugt, aus dem Rückstand das »elementare Feuer« gefunden zu haben, setzte er seine Versuche um so eifriger fort, in der Hoffnung bald das begehrte Edelmetall in den Händen halten zu können. Dies ist ihm allerdings nicht gelungen."

„Was hatte er denn eigentlich gefunden ?", fragte Niels.

„Nun Substanzen, die im Dunkeln leuchten", erklärte der Lehrer, „wurden von alters her »Phosphore« genannt. Der Name hat seinen Ursprung im Griechischen und bedeutet so viel wie »Lichtträger«. Diese leuchtenden Stoffe wurden damals als Kuriositäten an den Höfen und in verschiedenen Gesellschaften vorgeführt. So musste auch *Brand* bald erkennen, dass er zwar kein Gold erhalten hatte, dafür aber diesen leuchtenden Stoff, den »phosphorus mirabilis«, den »wunderbaren Lichtträger« wie er seinen Phosphor nannte, mit dem er sich zufriedengeben musste."

„Immerhin etwas", meinte Judith.

„Nun ja", erwiderte der Lehrer, „*Brand* hatte also in Wirklichkeit den Phosphor entdeckt und hoffte nun, aus seinem

Wunderstoff so viel Geld wie möglich herauszuholen. Er hielt deshalb seine Entdeckung zunächst streng geheim. Aber jedes Geheimnis wird einmal bekannt und so tauchte auch bald ein gewisser *Johannes Krafft* im Auftrag des Alchimisten *Johann Kunkel* vom Hofe des Kurfürsten aus Dresden bei *Brand* auf, um das Geheimnis der Herstellung des Phosphors zu erfahren. *Brand* stellte ihm für 200 Reichstaler eine größere Menge Phosphor her, mit der sich *Krafft* dann aber auf eine Reise durch Europa machte und an den meisten Höfen das Leuchten des Phosphors vorführte. In der Zwischenzeit war es auch *Kunkel* gelungen, den Phosphor nach einem ähnlichen Verfahren wie *Brand* herzustellen. Schließlich wurde der Phosphor auch ein drittes Mal 1680 von dem englischen Naturforscher *Robert Boyle* entdeckt. Reich wurde aber weder *Brand* noch *Boyle,* die Einzigen, die vom Phosphor profitierten, waren *Krafft* und vor allem *Kunkel,* der aus seinen Phosphor verschiedene Wunderpillen herstellte und so zu beträchtlichem Reichtum kam."

„Wird Phosphor auch heute noch aus Urin hergestellt?", wollte Wolfgang wissen.

„Nein", antwortete der Lehrer, „im Labor können wir den Phosphor aus Knochen herstellen, die ja das Element in Form von Phosphat in relativ großen Mengen enthalten. Dazu füllen wir in eine Dreiwegflasche ein Gemisch aus Knochensalz, Kieselgur und Kokspulver. Bei der hohen Temperatur eines Lichtbogens wird das Phosphat aus der Knochenasche mithilfe des Kokspulvers zu Phosphor reduziert."

„Was konnte man damals mit dem Phosphor anfangen?", erkundigte sich Colin.

„Wie gesagt", erklärte uns der Lehrer, „zunächst wurde der Phosphor von Schaustellern bei verschiedenen Anlässen, aber vor allem auf Jahrmärkten als Kuriosum vorgeführt und Quacksalber stellten daraus irgendwelche Wundermittel her, die sie eben da verkauften. Größere Bedeutung erhielt der Phosphor, als die industrielle Herstellung von Streichhölzern, Düngemitteln, Waschmitteln und anderem begann."

„Wie wird Phosphor heute industriell hergestellt?", fragte Jana.

„Heute", erklärte uns der Lehrer, „erhält man den Phosphor aus verschiedenen Mineralien, also Phosphaten, wie Apatit oder Fluorapatit, nach dem elektrothermischen Verfahren in hohen Schachtöfen, wo das gemahlene Rohphosphat im elektrischen Lichtbogen bei etwa 1400 °C mithilfe von Koks reduziert wird."

***

Da es keine weiteren Fragen gab, beendete der Lehrer den Unterricht. Wir hatten eine wirklich ulkige Geschichte gehört und gleichzeitig Erstaunliches mitbekommen. Vor allem waren wir von den ungewöhnlichen mittelalterlichen Methoden beeindruckt, die zur allgemeinen Verwunderung dennoch äußerst erfolgreiche Ergebnisse und oft zufällige Entdeckungen, wie zum Beispiel den Phosphor, zur Folge hatten.

Henning Brand

Alchimist, Geb. um 1630, vermutlich in Hamburg. Entdeckte im Jahre 1669 den Phosphor im Urin.

Seit Brand ist Urin im wahrsten Sinne des Wortes zu einer Fundgrube der organischen Chemie geworden.

Neben vielen organischen Verbindungen, wie der Harnsäure u.a., die daraus gewonnen wurden, gelang es dem Chemiker Adolf Butenandt, 265 Jahre nach dem Hamburger Alchimisten beim Eindampfen von Männerharn das Sexualhormon Androsteron in kristallisierter Form zu isolieren.

»Rien ne se perd, rien ne se crée, tout se transforme.«
Antoine Laurent Lavoisier

Lavoisier, die Tragik eines Genies

Da wir heute über den großen französischen Forscher und Chemiker *Lavoisier* sprechen sollten, begann der Lehrer den Unterricht mit einem französischen Satz, mit dem wir zunächst aber nicht viel anfangen konnten: „La République n'a pas besoin de savants." Einige von uns aber, die etwas Französisch konnten, hatten diesen Satz verstanden und so übersetzte uns Wolfgang: „Die Republik braucht keine Gelehrten."

„O.K.!", meinte Marco grinsend „dann können wir ja nach Hause gehen, ich wollte sowieso nie ein Gelehrter werden."

Alle lachten.

„So ein Querkopf", meinte Susanne.

„Nicht gleich so voreilig, mein Lieber", erwiderte der Lehrer, „erstens ist es noch ein langer Weg bis zum Gelehrten und zweitens beziehen sich diese Worte nicht auf euch, sondern sie besiegelten 1794 das Schicksal eines der bedeutendsten Forscher und Chemiker des 18. Jahrhunderts: *Antoine Laurent Lavoisiers.* Habt ihr diesen Namen schon einmal gehört?"

„Jein", kam die Antwort aus der Klasse.

„Irgendwo schon, aber der Name sagt mir nicht viel", erwiderte Claudia.

Dann fragte uns der Lehrer, wer von uns schon einmal in Paris gewesen sei. Diese Frage hätte er sich allerdings sparen können, denn die meisten von uns kannten diese wunderschöne Stadt und schwärmten vom Eifelturm, Flohmarkt, Place de Clichy und Place Pigalle, andere vom Louvre und der Kathedrale

Notre-Dame, von den Champs Elysees, dem Place de la Concorde und vielem mehr. Keiner von uns kannte jedoch das in der Rue St. Martin Nr. 292 gelegene *Conservatoire des Arts et Métiers*. „Hier hättet ihr unter anderem in einem zugeschmolzenen Glasrohr 45 Gramm künstliches Wasser, also etwa ein Viertel eines Wasserglases, als eine kostbare *Lavoisier*-Reliquie bewundern können", erklärte uns der Lehrer.

„Wasser?", fragte Wolfgang, „wieso sollte man Wasser bewundern?"

„Nun, wie ihr wisst, galt das Wasser seit den griechischen Naturphilosophen als ein Element", entgegnete der Lehrer, „da es *Lavoisier* jedoch gelungen war, Wasser künstlich herzustellen, war der Beweis erbracht, dass Wasser kein Element, sondern ein zusammengesetzter Stoff, also eine chemische Verbindung ist".

„Logo", meinte René, „wer war denn dieser *Lavoisier*?"

„Also, *Lavoisier*, wurde am 26. August 1743 in Paris geboren. Er war der Sprössling einer wohlhabenden Familie, sodass sein Vater, ein Advokat und Edelmann, es sich durchaus leisten konnte, seinem Sohn eine standesgemäße Ausbildung an dem renommierten *Collège Mazarin*, dem heutigen *Institut de France*, zu ermöglichen."

„Was heißt standesgemäß?", fragte Sofie.

„Nun, das heißt, dass jemand, der Geld hat, eine bessere Schule besuchen kann, in der die Reichen und Adligen nur unter sich sind. Das ist ja bei uns heute nicht mehr der Fall, da bei uns alle Bürger gleich sind."

Die Schüler lachten sich krank, „nur einige sind gleicher", kam es aus der Klasse.

„Nicht, dass ich wüsste", grinste der Lehrer und fuhr fort, „also, obwohl das Collège eine juristische Vorbereitungsschule war, konnte der junge *Lavoisier*, der sich vielmehr für Naturwissenschaften interessierte, nebenbei auch einen Kursus in Mathematik und experimenteller Physik besuchen. Dies war ihm später von großem Nutzen, da er hierbei die Gelegenheit hatte, die damals verfügbaren physikalischen Geräte, die für seine späteren Untersuchungen so wichtig waren, kennenzulernen. Der Familientradition folgend, studierte er jedoch seinem Vater zuliebe anschließend Rechtswissenschaften an der berühmten Pariser *Sorbonne*."

„Standesgemäß", unterbrach Joel lachend.

„Ja natürlich", erwiderte der Lehrer, „und vier Jahre später, er war gerade 21 Jahre jung, schloss er sein Studium mit der Promotion zum Doktor der Rechtswissenschaften ab."

„Konnte man damals schon mit 21 Jahren einen Doktortitel haben?", erkundigte sich Joel.

„Joel will wohl auch einen Doktortitel", fügte Sven hinzu.

„Warum nicht, gerade du hast es nötig zu reden", erboste sich Joel.

„Nun, da die Vorbereitungszeit zum Studium damals viel kürzer war und viele Studenten ihr Studium sehr ernst nahmen, konnten sie tatsächlich schon so früh promovieren", entgegnete der Lehrer und erzählte dann, dass sich die Studenten auch damals nicht nur dem Lernen gewidmet haben und es ihnen an weiblicher Gesellschaft auch nicht gefehlt hatte, Paris sei eben Paris. So blieb ihnen nach den Vorlesungen, die oft bis zum späten Abend dauerten, noch genügend Zeit, sich dem nächtlichen Paris zu widmen. Bis spät in der Nacht streunten die Studenten damals wie heute durch Clichy, über den Place Pigalle, wo die Bordsteinschwalben bereits auf sie warteten, oder saßen in den Tavernen im Quartier Latin, dem bekannten Studentenviertel, wo sie sich bei Beaujolais Nouveau oder Bier vergnügten und morgens zu Pferd oder zu Fuß durch die dreckigen Straßen lachend und grölend nach Hause zogen.

„Würde ich auch", meinte Alex.

„So ein Spinner, Du hast wohl einen Nachdurst", ergänzte Susanne.

„Nicht selten", fuhr der Lehrer fort, „kam es allerdings in den engen Gassen vor, dass Bewohner, deren Ruhe sie störten, die Nachttöpfe über ihren Köpfen ausleerten."

„Pfui Teufel, so eine Sauerei, das kann ja nicht wahr sein", meinte Colin.

„Doch, damals war so etwas nichts Außergewöhnliches", erwiderte der Lehrer, „zumal es damals noch keine ausreichend ausgebaute Kanalisation gab, schütteten viele ihre Abfälle einfach zum Fenster hinaus."

„Solche Saukerle", empörte sich Luka und einige schüttelten den Kopf. „Heute ist es ja hoffentlich nicht mehr so", meinte Edi.

„Ich dachte, *Lavoisier* war Chemiker?", interessierte sich Chris.

„Nein, wie gesagt, er war Jurist", und dann erklärte uns der Lehrer, dass ein Studium der Naturwissenschaften, wie Chemie oder Biologie, damals noch gar nicht möglich war. Nicht nur weil Chemie angesichts der überall experimentierenden Alchimisten einen äußerst zweifelhaften Ruf hatte, sondern auch, weil die Chemie keine Aussichten bot, den Lebensunterhalt finanziell bestreiten zu können. Trotzdem besuchte der junge *Lavoisier* noch während seines Jurastudiums nebenbei einen Kursus in Chemie. Doch schon in den ersten Unterrichtsstunden war *Lavoisier* von der Rückständigkeit der Chemie verblüfft. Vor allem, da noch immer die veralteten qualitativen Methoden angewandt wurden und man verschiedene Theorien als sicher voraussetzte, obwohl diese niemals experimentell nachgewiesen worden waren.

„Die Chemie war damals also noch keine Wissenschaft so wie heute", stellte Lydia fest.

„Nein, und gerade das reizte *Lavoisier* so sehr, dass er beschloss, sich voll und ganz der Chemie zu widmen. Schon kurz nach seiner Promotion, wie gesagt in Rechtswissenschaften, erregten seine Arbeiten, wie zum Beispiel eine neue »Methode zur Analyse von Gips« und andere, so großes Aufsehen, dass er bereits 1768, mit 25 Jahren, in die »Académie des Sciences«, also die Akademie der Wissenschaften, aufgenommen wurde."

Der Lehrer erzählte uns dann weiter, dass aufgrund der immer größeren Nachfrage nach Metallen für die Industrie, aber auch für Kanonen und Gewehre, wie auch der Nachfrage nach Schießpulver die Chemie bald in den Mittelpunkt des Interesses rückte. So wurden *Lavoisier* zahlreiche offizielle Aufgaben übertragen und er wurde sehr bald zum Direktor der staatlichen Schießpulververwaltung berufen, eine Aufgabe, bei der er sich besonders der Produktion von Salpeter, also Kaliumnitrat KNO_3, widmete. Seine Einkünfte ermöglichten es ihm, sich sogar in die »Ferme Générale« einzukaufen und die Stelle eines Generalpächters, also eines privaten Steuereintreibers, zu übernehmen, wodurch sich sein Vermögen erheblich steigerte.

„Was heißt, er musste sich einkaufen?“, fragte Niels.

„Nun, damals war es üblich, dass man für ein höheres Amt eine schöne Summe Geld auf den Tisch legen musste“, erklärte uns der Lehrer, „es war aber eine Entscheidung, die er später bitter bereuen sollte, da sie ihm viele Feinde einbrachte. Seine frühe Aufnahme in die Akademie verdoppelte zwar seinen wissenschaftlichen Eifer, aber angesichts seiner Erfolge und seiner Stellung in der Gesellschaft entwickelte er sich zu einem eitlen und unkollegialen Menschen, der sich bei seinen Kollegen ziemlich unbeliebt machte.“

„War *Lavoisier* verheiratet?“, wollte Lydia wissen.

„Weiber“, meinte Sven.

„Nörgler“, kam es prompt zurück.

„Ja“, antwortete der Lehrer, „mit 28 Jahren heiratete er die erst dreizehnjährige *Marie-Anne-Pierette Pauze,* die ihm nicht nur eine gute Ehefrau, sondern auch seine wissenschaftliche Mitarbeiterin wurde. Durch ihr charmantes, verführerisches Wesen verstand es Madame, vor allem die Herzen der Männer zu gewinnen, und so wurde das Haus *Lavoisier* sehr bald zum Mittelpunkt des wissenschaftlichen und gesellschaftlichen Lebens von Paris.“

„Was war nun mit dem Wasser des *Lavoisier*?“, erkundigte sich Wolfgang.

„Nun, wie gesagt“, fuhr der Lehrer fort, „das Wasser wurde schon seit dem Altertum als ein Element angesehen. Der Begriff des Elements war aber auch zur Zeit *Lavoisiers* noch ziemlich konfus. Zwar hatte bereits einhundert Jahre vor ihm der englische Naturforscher *Robert Boyle,* der von 1627 bis 1691 lebte, versucht, diesen Begriff zu klären, aber eindeutig war dieser Begriff damals trotzdem noch nicht."

„Wer war denn *Robert Boyle*?", fragte Joel.

„*Robert Boyle*", erzählte der Lehrer, „stammte aus dem Süden Irlands und war der jüngste Sohn des *Earl of Cork*. Wie alle Söhne der High Society studierte auch er an der berühmtesten Privatschule Englands, dem Eton College, und entwickelte sich zu einem echten spleenigen Engländer, der, so wird erzählt, als eingebildeter Kranker ständig mit seinem Thermometer herumlief und sich schon beim kleinsten Schnupfen oder Husten mit einem Bein im Grab glaubte. Jeweils der Lufttemperatur entsprechend, zog er immer einen bestimmen Mantel an, sodass seine Kollegen anhand des Mantels stets über die herrschenden Temperaturen Bescheid wussten."

„Waren denn alle Gelehrten solche Spinner?", fragte Bianka.

„Natürlich nicht, nur einige ... viele", antwortete der Lehrer schlau grinsend und fuhr fort: „Wie gesagt, hatte bereits *Robert Boyle* versucht, den Begriff des Elements zu klären und dazu vorgeschlagen, als Elemente nur die Stoffe zu bezeichnen, die chemisch nicht weiter zerlegt werden können, er selbst konnte allerdings kein einziges Element nennen. Dies hing vor allem mit dem damals noch ungeklärten Vorgang der Verbrennung der Stoffe zusammen. Die Verbrennung gehörte zu den wenigen bekannten Vorgängen, die eine Veränderung der Stoffe zur Folge hatten, und deshalb war die Klärung dieses Prozesses so wichtig."

„Was ist eigentlich eine Verbrennung?", wollte Heidi wissen.

„Hast du dich denn noch nie verbrannt?" fragte Alex und grinste Heidi frech an.

„Blödmann!", erwiderte Heidi angewidert.

„Schon gut", meinte der Lehrer „nach den heutigen Kenntnissen ist eine Verbrennung ein Oxidationsprozess, oder einfacher ausgedrückt, der Prozess der Verbindung eines Stoffes mit Sauerstoff. Bestimmt habt ihr beim Lagerfeuer oder beim Grillen schon beobachtet, dass beim Verbrennen von Holz oder Kohle die brennende Menge immer geringer wird und eine Flamme nach oben steigt."

„Logo", meinte Chris.

„Nun gut, bei der Beobachtung eines Feuers entstand nun die falsche Meinung, dass beim Verbrennen immer etwas entweichen würde und die Verbrennung somit die Auflösung eines Stoffes sei. Nach dieser Auffassung könnten demnach nur zusammengesetzte Stoffe brennen. Diese Meinung wurde naturgemäß auch auf die Metalle übertragen und zwar in dem Sinne, dass auch bei der Verbrennung oder »Verkalkung« der Metalle, wie es damals hieß, etwas abgegeben würde. Aus diesem Grunde wurden Metalloxide oder Metallkalke, wie man sie nannte, als Grundstoffe und die Metalle selbst als zusammengesetzte Stoffe begriffen."

„Das stimmte doch nicht", meinte Colin.

„Freilich nicht, aber so wurde das damals verstanden", antwortete der Lehrer, „es ist ja nicht meine Schuld."

„Ich verstehe nicht, was das mit Kalk zu tun hat?", fragte Sofie.

„Nun zum besseren Verständnis muss ich hinzufügen", entgegnete der Lehrer, „dass Oxide damals »Kalke« genannt wurden; daher kommt auch der Name Metallkalke für Metalloxide und Verkalkung für Oxidation, habt ihr jetzt verstanden?"

„Klar doch", kam die Antwort aus der Klasse.

„Mein Opa ist auch verkalkt, war das auch eine Oxidation?", fragte Maria.

„Du hast ja wirklich einen Dachschaden ", bemerkte Sven und grinste Maria an, die daraufhin errötete.

„Nein, Maria, das hat damit nichts zu tun", antwortete der Lehrer lachend, „das ist mit dem Alterungsprozess verbunden", und dann erzählte er uns, dass der aus Ansbach stammende deutsche Arzt und Chemiker *Georg Ernst Stahl*, der von 1660 bis 1734 gelebt hatte, durch eine neue Theorie für noch mehr Verwirrung sorgte. Dieser war eher ein abstrakter Denker als ein Praktiker. Wenig gesellig und häufig in Konflikt mit seiner Umgebung setzte er mit seiner Autorität als späterer Leibarzt Königs *Friedrich Wilhelm I* seine Ideen, ob nun falsch oder richtig, meist erfolgreich durch. Auch *Stahl* nahm an, dass beim Verbrennen eines Stoffes eine gasförmige Substanz entweiche, die er »Phlogiston«, zu deutsch, »das Brennbare«, nannte.

„Woher kommt diese Bezeichnung ?", fragte Claudia.

„Vom Griechischen »Phlox«, das heißt »Flamme«", erwiderte der Lehrer. „Nach *Stahl* sollte das Phlogiston in allen brennbaren Stoffen vorhanden sein und beim Verbrennen die Stoffe verlassen. Ein Stoff sollte demnach um so leichter und heftiger verbrennen, je mehr Phlogiston er enthält. So galten Schwefel, Kohlenstoff und Phosphor als sehr flohgistonreiche Stoffe und der 1766 von *Henry Cavendish* entdeckte Wasserstoff, den er »brennbare Luft« nannte, sollte gar reines Phlogiston sein. 1772 hatte der schwedische Chemiker *Carl Wilhelm Scheele* den Sauerstoff entdeckt, den er als »dephlogistizierte Luft« bezeichnete und von der er annahm, dass diese Luft ein großes Bestreben habe, anderen Stoffen ihr Phlogiston zu entziehen. Deshalb meinte *Stahl*, sei die Luft beim Verbrennen notwendig, um das Phlogiston aufzunehmen."

„Ganz schön verwirrend", meinte René.

„Ja, schon", stimmte der Lehrer zu, „aber ihr müsst bedenken, dass dies nur einige der verschiedenen Meinungen innerhalb eines ganzen Jahrhunderts waren. Um zu einer wissenschaftlich fundierten Theorie zu gelangen, musste man zuerst die Spreu vom Weizen trennen und das war nur durch das Experiment möglich."

„Gibt es das Phlogiston auch heute noch?", fragte Maria.

„Das ist eine lange Geschichte", erwiderte der Lehrer.

„Hoffentlich nicht zu lange", meinte Marco lachend.

„Keine Angst, bis zum Ende des Unterrichts werden wir es schon schaffen", meinte der Lehrer und erzählte uns dann, dass *Lavoisier*, der sich überwiegend der experimentellen Tätigkeit widmete, sehr bald die Bedeutung der gewichtsanalytischen Untersuchungen chemischer Vorgänge erkannte und die Waage als wichtigstes Messinstrument der Chemie betrachtete. So gelang ihm eben durch Messungen der wichtige quantitative Nachweis, dass die Stoffmenge, womit er die Masse meinte, vor und nach einer chemischen Reaktion gleich ist, oder wie Lavoisier es formulierte: »Rien ne se perd, rien ne se crée, tout se transforme«, zu deutsch: »Nichts geht verloren, nichts wird geschaffen, alles wird umgewandelt.«

„So können wir ja auch gleich Französisch lernen, die Sprache ist ja sehr schön und gefällt mir sehr gut", meinte Jana.

„Aber nur wenn man sie richtig ausspricht und das ist nicht leicht", entgegnete Wolfgang.

„Also wenn ihr mich meint, ich gebe mein Bestes", erklärte der Lehrer lachend und fuhr fort: „Bei seinen quantitativen Untersuchungen fiel *Lavoisier* auf, dass im Gegensatz zur Phlogistontheorie bei der Verbrennung beziehungsweise Verkalkung sowohl Metalle als auch Schwefel, Phosphor und Kohlenstoff nicht leichter, sondern schwerer wurden und dass die Gewichtszunahme gleich dem Gewicht der absorbierten Luft, genauer des Sauerstoffs aus der Luft, ist. So kam *Lavoisier* 1785 zu der Erkenntnis, dass bei der Verbrennung statt der Abgabe von Phlogiston eine Aufnahme von Sauerstoff stattfindet, die Verbrennung demnach nichts anders als der Prozess der Verbindung eines Stoffes mit Sauerstoff ist. Damit widerlegte *Lavoisier* die Phlogistontheorie, die fast ein Jahrhundert lang das Denken der Chemie beherrschte."

„Und was ist nun mit dem Wasser?", fragte Judith.

„Ja, also jetzt zum Wasser", erwiderte der Lehrer schmunzelnd und erzählte uns, dass *Lavoisier* für seinen Versuch einen mit Nägeln gefüllten eisernen Flintenlauf in ein Kohlebecken einmauern ließ, den er dann bis zur Rotglut erhitzte. Dann leitete er Wasserdampf durch den Flintenlauf, wobei er den entstandenen Wasserstoff auffing und diesen unter Zuführung von Luftsauerstoff verbrannte. Aus der Verbindung von Wasserstoff und Sauerstoff, dem sogenannten Knallgas, –so genannt, weil es explosionsartig verbrennt–, entstand Wasser.

„Bei diesem Versuch hatte *Lavoisier* Wasser in Wasserstoff und Sauerstoff zerlegt und anschließend die Bestandteile durch Verbrennung wieder verbunden", ergänzte Joel.

„In der Tat", antwortete der Lehrer, „auf diese Weise ist es dem Franzosen erstmalig gelungen, Wasser künstlich herzustellen. Dieses angeblich von *Lavoisier* erstmals künstlich hergestellte Wasser ist als »*Lavoisier*-Relique« im »Conservatoire des Arts et Metiers« in Paris ausgestellt."

„Ob das stimmt, wissen die Götter", fügte Colin hinzu.

„Das weiß man natürlich nicht, das ist ja auch nicht so wichtig", ergänzte der Lehrer. „Schade nur, dass Lavoisier, der dieses Experiment am 28. Februar 1785 vor 30 Forschern vorführte, es als seine Entdeckung ausgab und es unterließ zu erwähnen, dass der britische Naturforscher *Henry Cavendish* bereits 20 Jahre vor ihm zum gleichen Ergebnis gekommen war."

„Das ist natürlich nicht korrekt", meinte Bianka.

„Natürlich nicht, aber geistiger Diebstahl geschah zu der Zeit vor allem aus Eitelkeit unter den Gelehrten sehr häufig“, antwortete der Lehrer. „Ihr seht also - nobody is perfect -.“

„Wir sollten uns nicht darüber aufregen, was vor über zweihundert Jahren geschah, heute wird solcher Diebstahl in großem Stil zum Beispiel durch Industriespionage betrieben. Nur geht es heute nicht um Prestige, sondern nur um Geld“, meinte Edi.

„Du hast ja Recht, Edi, die Raffgier der Bosse und Manager ist heute nicht mehr zu überbieten und geistiger Diebstahl gilt leider als Kavaliersdelikt“, ergänzte der Lehrer, „aber zurück zu Lavoisier. Angesichts der unterschiedlichen Namen für Gase, die zur damaligen Zeit nach ihren Eigenschaften benannt wurden, wie zum Beispiel der Wasserstoff »brennbare Luft«, der Sauerstoff »Feuerluft«, »gut atembare Luft« oder »Lebensluft«, der Stickstoff »verdorbene Luft«, Kohlenstoffdioxid, »fixe Luft« usw. erstellte *Lavoisier* zusammen mit anderen Chemikern, wie *Claude-Louis Berthollet* oder *Antoine Francois de Fourcroy,* ein neues System von Begriffsbezeichnungen, das in der anorganischen Chemie mit geringen Änderungen auch heute noch verwendet wird.“

„Wer hat die heutigen Namen der Elemente eingeführt?“, erkundigte sich Susanne.

„Die damals bekannten Elemente erhielten ihre Namen von *Lavoisier* ebenfalls nach ihren Eigenschaften“, erklärte der Lehrer, „jedoch aus moderner Sicht, so nannte er zum Beispiel den Wasserstoff »Hydrogène«, also »Wasserbildner«, den Sauerstoff »Oxigéne«, also »Säurebildner«, den Stickstoff »Azote«, das heißt »leblos«, oder »Nitrogenium«, was soviel bedeutet wie »Salpeterbildner«. Die Namen der Elemente veröffentlichte er in seinem Buch »Méthode de Nomenclature Chimique«, das 1787 erschien. Die neuen Erkenntnisse und den damaligen Stand der Chemie fasste *Lavoisier* im Jahre 1789 in seinem Lehrbuch »Traité élémentaire de chimie« zusammen. In diesem Buch, das 1791 auch in deutscher Sprache erschienen ist, veröffentlichte er eine Tabelle von 33 einfachen Substanzen beziehungsweise chemischen Elementen, von denen aber nur 23 wirkliche Elemente im heutigen Sinne waren. So zählte er fälschlicherweise noch das Licht, die Wärme sowie einige Oxide und Erden zu den chemischen Elementen. Diese Leistungen machten *Lavoisiers* schließlich zum Begründer der modernen, wissenschaftlichen Chemie."

„Das war ja auch eine großartige Leistung", meinte Lydia.

„Ja", antwortete der Lehrer, „aber leider wurde sein so erfolgreiches Forscherleben schließlich durch die Französische Revolution auf grausame Weise unterbrochen. Wegen seiner früheren Stellung als Generalpächter wurde er festgenommen und durch das Revolutionstribunal zum Tode verurteilt. Seine Bitte, noch eine letzte Forschungsarbeit zu Ende führen zu dürfen, wurde vom Tribunal mit der Begründung »la Républiqe n´a pas besoin de savants« abgelehnt.

„So endete am 8. Mai 1794, 24 Stunden nach der Urteilsverkündung, das Leben eines der bedeutendsten Chemiker und Forscher des 18. Jahrhunderts auf dem Schafott. *Lavoisier* wurde 51 Jahre alt."

In Annerkennung seiner wissenschaftlichen Leistungen wurde auch sein Name, zusammen mit den Namen 72 weiterer Wissenschaftlern in goldenen Buchstaben in den Eifelturm eingraviert. *Lavoisier* ist der einzige nichtdeutsche Wissenschaftler, der im Deutschen Museum in München mit einer Büste geehrt wurde.

***

Der anfangs so heiter begonnene Unterricht ließ uns am Ende nachdenklich werden. Wir haben erkannt, welch verheerende Folgen fehlende Bildung, Missverständnisse, Ignoranz und Hass haben können, und wir wünschten uns, dass die Menschen heute anders wären.

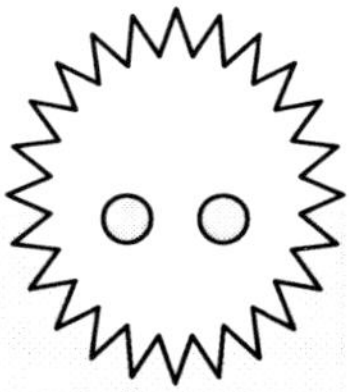

Antoine Laurent Lavoisier

Französischer Chemiker, Begründer der modernen Chemie.

Geb. 26. August 1743 in Paris, gest. 8. Mai 1794 in Paris.

Zu seinen wichtigsten Lehren gehören:
- Erklärung des Verbrennungsvorgangs als Verbindung eines Stoffes mit Sauerstoff.
- Neufassung des Elementbegriffs.
- Ausarbeitung einer rationellen Nomenklatur der chemischen Elemente und anorganischen Verbindungen.

Sowie die Erkenntnisse, dass:
- Wasser kein Element, sondern eine chemische Verbindung ist.
- Metalloxide chemische Verbindungen sind.
- Metalle chemische Elemente sind.

Werwe:

1787 Méthode de Nomenclature Chimique

1789 Traité élémentaire de chimie

»Das Ordnungsprinzip der Elemente ist das Atomgewicht, na zdorowje.«
Dimitrij Iwanowitsch Mendelejew

Mendelejew, brachte ihm ein Traum Weltruhm?

Wir waren schon vorgewarnt, denn heute sollten wir über einen früheren russischen Chemiker sprechen, dessen Name einigen von uns jedoch bereits geläufig war. Tatsache ist aber, dass wir sehr wenig über Russland wussten und da Russland sehr weit weg ist und uns das ehemalige Zarenreich schon immer ziemlich exotisch vorkam, waren wir auf den heutigen Unterricht sehr gespannt.

Als der Lehrer eintrat, hatte er eine Tabelle dabei, die dem bekannten Periodensystem der chemischen Elemente, das in jedem Klassenzimmer an der Wand hängt, ähnlich war. Wir sahen ihn erstaunt an und Chris fragte ihn, was denn das für eine Tabelle sei.

„Nun, dies ist das »Periodensystem der chemischen Elemente«, das erstmals im Jahre 1869 von dem russischen Chemiker *Dmitrij Iwanowitsch Mendelejew* veröffentlicht wurde", erklärte uns der Lehrer.

„Da sind aber viel weniger Elemente angegeben als in den bisher bekannten Tabellen", meinte Colin.

„Angeblich trinken die Russen ja so viel Wodka", fügte Alex hinzu und grinste, „da hat *Mendelejew* sich wahrscheinlich verzählt." Die Schülerinnen und Schüler lachten nun alle und sahen den Lehrer fragend an.

„Also, Wodka ist bei den Russen tatsächlich sehr beliebt," entgegnete der Lehrer, „man sagt sogar, es wäre der »Treibstoff der russischen Seele«. Tatsache ist aber, dass zu der Zeit eben weniger Elemente bekannt waren als heute."

„Wie war denn das Leben damals in Russland?", wollte Bianka wissen.

„Nun, das war bestimmt nicht leicht", antwortete der Lehrer, „und vor allem für *Dmitrij Iwanowitsch* nicht, der 1834 als jüngstes von siebzehn Kindern in der sibirischen Stadt Tobolsk geboren wurde. Dies war eine sehr arme Stadt und diente im zaristischen Russland oft als Verbannungsort für politische Gefangene. Sein Vater, Lehrer für Politik, Philosophie und die Schönen Künste am dortigen Gymnasium, litt an Grauem Star und musste kurz nach der Geburt seines jüngsten Sohnes infolge seiner Erblindung seine Stelle am Gymnasium aufgeben."

„Was sind Schöne Künste?", fragte Susanne.

„So'n Quatsch, na Schöne Künste", bemerkte Sven.

„Danke, so genau wollte ich es eigentlich nicht wissen", entgegnete Susanne.

„Also" meinte der Lehrer, „meines Wissens gehören Zeichnen, Malen, Musik, evtl. Basteln und so weiter dazu", dann fuhr er fort, „dass die Pension des Vaters bei weitem nicht ausreichte, die große Familie zu ernähren, sodass die Mutter schließlich eine Arbeit aufnehmen und die Kinder allein zu Hause lassen musste."

„Konnte man den Grauen Star damals nicht heilen?", fragte Lydia.

„Leider nicht", erwiderte der Lehrer und erzählte uns dann, dass die Kindheit des jungen Dmitrij nicht gerade rosig war. Dennoch konnte er nach dem Tod des Vaters das Gymnasium in Tobolsk besuchen. Später zog die verarmte Familie dann nach St. Petersburg, wo er am Pädagogischen Zentralinstitut Chemie studierte. Mit 21 Jahren beendete er dann sein Studium mit der Goldmedaille als bester Student seines Jahrganges.

Nach einem zweijährigen Studienaufenthalt in Heidelberg, wo er unter anderen auch bei den Professoren *Gustav Robert Kirchhoff* und *Robert Wilhelm Bunsen* an Forschungen über Spektroskopie mitarbeitete, kehrte er nach St. Petersburg zurück, wo er nach seiner Promotion zum Professor für allgemeine Chemie an der Universität in St. Petersburg ernannt wurde. Hier hatte *Mendelejew* jedoch wegen seiner liberalen Ansichten erhebliche Schwierigkeiten, zumal er, anders als seine Kollegen, in seinen Vorlesungen auch Frauen zuließ, was damals ganz und gar unüblich war.

„Konnte er sich mit seinen liberalen Ansichten durchsetzen?“, fragte René.

„Ja, manchmal schon, aber nach nur knapp vier Jahren, also 1890“, entgegnete der Lehrer, „verließ er aus Protest gegen die reaktionäre Bildungspolitik der zaristischen Regierung die Universität und war dann ab 1893 bis an sein Lebensende als Direktor des russischen »Amtes für Maße und Gewichte« tätig. In diesem Amt führte er das »metrische Maßsystem« in Russland ein.“

„Wie haben Wissenschaftler eigentlich in der Zarenzeit in Russland gelebt, wurden sie bei ihren Arbeiten unterstützt?“, wollte Sofie wissen.

„Nun, St. Petersburg war zur Zeit *Mendelejews* die Hauptstadt des Zarenreiches, in dem nacheinander die Zaren *Alexander I, II* und *III* regierten“, erzählte der Lehrer, „vor allem der Aufbau der Ölindustrie, an dem *Mendelejew* einen großen Anteil hatte, wurde von der Zarenregierung tatkräftig unterstützt, sodass es ihm finanziell nicht schlecht ging. Bereits mit sechsundzwanzig Jahren besuchte er die Ölfelder bei Baku in Aserbaidschan und reiste später im Auftrag der Regierung nach Europa und in die USA, um die Ölförderung in anderen Ländern zu studieren. Er erfand auch zahlreiche neue Methoden zur Förderung und

Raffination des Öls, aufgrund derer er später sogar als »Vater der russischen Ölindustrie« bezeichnet wurde."

„Stimmt es, dass die Russen so viel Wodka trinken?", fragte Claudia.

„Ja, das ist ja allgemein bekannt und auch in St. Petersburg war das Leben, ähnlich wie in Paris, damals schon ziemlich ausgelassen. Natürlich wollte man ja auch als Student das Leben genießen", meinte der Lehrer, „so galt seit jeher der russische Trinkspruch: »Wodka ist Gift, Gift ist Tod, Tod ist Schlaf, Schlaf ist Gesundheit, also wollen wir auf die Gesundheit trinken, na zdorowje.«"

„Was heißt na zdo... wie?", fragte Susanne.

„So viel ich weiß, heißt das »zur Gesundheit«", übersetzte der Lehrer, „und bedeutet so viel wie »Prost« im Deutschen, natürlich hat *Mendelejew* sich als Chemiker auch mit dem Thema »Wodka« befasst, und ihr werdet es nicht glauben, sogar auch das Thema seiner Doktorarbeit handelte über die »Verbindung von Alkohol und Wasser«, genauer über Wodka, den er vermutlich schon als Student in den zahlreichen Kneipen in St. Petersburg schätzen gelernt hatte."

„Ja, ja, ein Russe ohne Wodka ist wie der Papst ohne Weihwasser", meinte Marco lachend, „aber deshalb ist er bestimmt nicht berühmt geworden."

„Nein, sicher nicht", antwortete der Lehrer, „ungeklärt ist jedoch, ob *Mendelejew* nicht gar der Erfinder des heutigen Wodkas war. Tatsache ist aber, dass der berühmte Russe gleich mehrere Beiträge zur qualitativen Verbesserung der Herstellungsverfahren von Wodka entwickelt hat. Er war es auch, der das traditionelle russische Wodka-Glas, die bekannte »Stopka«, eingeführt hat, das genau 100 Gramm fasst. Der Name »Stopka« stammt vom russischen Wort »sto« für »hundert«. Übrigens, das von ihm ermittelte Volumenverhältnis von 40 % Alkohol und 60 % Wasser gilt bis heute als Standard für den russischen Wodka. Ob *Mendelejew* aber bei der Erstellung seiner Tabelle zu tief ins Glas geschaut oder gar einen Ausfall unterm Hut hatte, ist unwahrscheinlich, dafür gibt es jedoch andere Geschichten."

„Woraus wird Wodka hergestellt", erkundigte sich Sven ... die Mitschüler lachten.

„Du willst wohl selbst Wodka brennen?", wollte Jana wissen.

„Klappe, du Schreckschraube", kam es prompt zurück.

„Also, Wodka wird traditionell aus Roggen und Weizen, aber auch aus Kartoffeln und anderem hergestellt, wie zum Beispiel aus Melasse, der ist aber qualitativ sehr minderwertig", erwiderte der Lehrer.

„Was weiß man über das Privatleben *Mendelejews*?", fragte Alex.

„Über sein Privatleben ist einiges bekannt", meinte der Lehrer und erzählte uns dann, dass *Mendelejew* mit einunddreißig Jahren auf Drängen seiner Schwester eine Bekannte heiratete, aus deren Ehe zwei Kinder hervorgingen. Es soll aber eine sehr unglückliche Ehe gewesen sein, vor allem auch deshalb, weil *Mendelejew* ganz in seiner Arbeit aufging und dabei wenig auf sein Äußeres achtete, sodass er sehr ungepflegt wirkte. So wird erzählt, er habe sich nur einmal im Jahr Haare und Bart schneiden lassen.

„So sieht er ja auch auf allen Bildern aus", ergänzte Niels grinsend.

„Nun ja", begann der Lehrer, „das Paar trennte sich schließlich und jeder ging seiner Wege. Aber kurz vor seiner Reise in die USA, er war bereits zweiundvierzig Jahre alt, lernte er die hübsche, siebzehnjährige Natascha kennen, von der er sich so angezogen fühlte, dass er sie auf der Stelle heiraten wollte, ja er soll sogar gedroht haben, sich ins Meer zu stürzen und zu ertränken, wenn sein Wunsch nicht erfüllt werde."

„So ein Hirni, wie kann man sich nur so aufführen?", fragte Sven erstaunt.

„Dir wird so etwas bestimmt nicht passieren, wer will dich schon zum Mann, brrrrr?", fragte ihn Susanne.

„Es kam aber noch dicker", fuhr der Lehrer fort, „denn da die orthodoxe Kirche zunächst seiner Scheidung nicht zustimmte und er dennoch einen Priester fand, der die beiden trotzdem traute, war er eine Zeit lang Bigamist."

„Was ist ein Bigamist?", fragte Sofie.

„Dumpfbacke", meinte Marko, „das ist ein Mann, der mit zwei Frauen verheiratet ist, kapiert?"

„Jaaaaa, mein Klugschnacker, du bist ja so weise", entgegnete Sofie grinsend.

„Man kann halt nicht mit einem Hintern auf zwei Pferden reiten", ergänzte der Lehrer lachend, „Bigamie war und ist auch heute noch strafbar." Dann erzählte er uns, dass *Mendelejew* der Strafverfolgung nur durch einen Appell an den Zaren entging, der ihn sehr schätzte und darüber hinwegsah. Auf den Einwand eines Adligen in der gleichen Lage soll der Zar gesagt haben: »Nun gut, *Mendelejew* hat zwei Frauen, aber ich habe nur einen *Mendelejew*.« Mit seiner zweiten Frau soll er schließlich eine sehr glückliche Ehe geführt haben, aus der vier Kinder hervorgingen.

„Welches waren nun seine Verdienste, denn beim Amt für Maße und Gewichte konnte Mendelejew sich ja wohl kaum ernsthaft mit Chemie beschäftigen", fragte Wolfgang.

„In der Tat, seine großen Verdienste erwarb er sich bereits in den jüngeren Jahren, als er mit der Ausarbeitung seines bedeutenden Lehrbuches »Grundlagen der Chemie« beschäftigt war", erklärte uns der Lehrer, „wobei er nach den Grundlagen für eine Systematisierung des vorhandenen Wissens in der Chemie suchte. Ihr müsst nämlich wissen, dass bis *Mendelejew* zahlreiche Alchimisten, Forscher und Chemiker eine große Menge an Wissen zusammengetragen haben, welches es nach einem System zu ordnen galt und vor allem die Spreu vom Weizen getrennt werden musste. Dies bezog sich vor allem auf die bis dahin bekannten chemischen Elemente. Zwar waren schon etliche Versuche auf diesem Gebiet unternommen worden, die aber letztendlich nicht die erwünschten Erfolge brachten."

„Weshalb sind alle gescheitert?", fragte Joel.

„Ja, sie scheiterten, weil der Schlüssel für eine Systematisierung fehlte und genau diesen Schlüssel, also ein Gesetz zur Einordnung der chemischen Elemente in ein System, versuchte *Mendelejew* zu finden." Dann erzählte uns der Lehrer, dass viele Legenden und Anekdoten sich über *Mendelejew* um die Aufstellung eines solchen Systems ranken. So soll er, in Gedanken ständig mit allen möglichen Lösungen beschäftigt, beim Frühstücken auf gepackten Koffern vor einer Reise auf einem

Papierschnipsel ein solches System verfasst haben. Eine andere Legende erzählt, dass *Mendelejew* die entscheidende Idee kam, als er mit Karten, auf denen Symbole und Eigenschaften der chemischen Elemente aufgezeichnet waren, eine Patience legte, und last but not least soll ihm eines Nachts in einem Traum eine Tabelle erschienen sein, in der die Elemente nach ihrem Atomgewicht geordnet waren.

Nachdem er aus seinem Traum erwacht war, soll er untersucht haben, ob ein solches Ordnungssystem geeignet sei. Und tatsächlich stellte sich später heraus, dass dies der lang gesuchte

Schlüssel für ein wissenschaftliches Ordnungssystem der chemischen Elemente war. Wieweit auch nur eine dieser Legenden den Tatsachen entspricht, konnte uns der Lehrer natürlich nicht sagen, da er es selbst nicht wusste.

„Das ist ja sehr interessant", meinte Chris, „ich kann mir auch gut vorstellen, dass einen ein Thema, das einen tagsüber beschäftigt, auch im Schlaf verfolgt."

„Wie dem auch sei", erwiderte der Lehrer, „*Mendelejew* hatte tatsächlich den Schlüssel für ein System gefunden, in das er die damals etwa 63 bekannten chemischen Elemente einordnen konnte. Aufgestellt in der Reihenfolge der steigenden Atomgewichte erkannte *Mendelejew,* dass die chemischen Eigenschaften der Elemente sich periodisch wiederholten, und entdeckte damit das »Gesetz der Periodizität«. So entstand das erste »Periodensystem der Elemente«, in das er die Elemente in zwölf Zeilen, die sogenannten »Perioden«, und acht Spalten, die sogenannten »Gruppen«, einordnete. Sein *Periodensystem der Elemente* veröffentlichte *Mendelejew* im Februar 1869 unter dem Titel: »Die Abhängigkeit der chemischen Eigenschaften der Elemente vom Atomgewicht«."

„Hat nicht auch der deutsche Chemiker *Lothar Meyer* so ein Periodensystem erstellt?", fragte Judith.

„Das stimmt", entgegnete der Lehrer, „wenige Monate später veröffentlichte auch Meyer eine fast identische Tabelle, mit dem Unterschied, dass Meyer die Abhängigkeit der chemischen Eigenschaften vom Atomvolumen entdeckt und entsprechend in seine Tabelle eingeordnet hatte. Es muss aber erwähnt werden, dass keiner der beiden Wissenschaftler von den Arbeiten des anderen wusste."

„Wieso haben sie es nicht gewusst?", fragte René.

„Nun, damals gab es die heutigen Kommunikationsmöglichkeiten, wie Telefon, Internet, E-Mail leider noch nicht", erklärte der Lehrer, „außerdem musste zuerst die Veröffentlichung *Mendelejews* ja übersetzt werden, die dann per Post in die anderen Länder gelangte. Dies war damals alles sehr umständlich."

„Fuhr man damals noch mit der Postkutsche?", fragte Maria.

„Mindestens von St. Petersburg bis Hamburg konnte man mit dem Schiff fahren, der Rest des Weges erfolgte mit der Eisenbahn, die damals allerdings noch nicht den Standard von heute hatte." Der Lehrer ergänzte noch, dass es *Mendelejews* Verdienst war, aufgrund der gefundenen Gesetzmäßigkeit auch drei bis dahin unbekannte chemische Elemente samt ihren Eigenschaften vorherzusagen und zwar »Eka- Aluminium«, heute Gallium, »Eka-Bor«, heute Scandium, und »Eka-Silizium«, heute Germanium. Alle drei Elemente wurden zwischen 1875 und 1886 tatsächlich entdeckt und damit die Vorhersagen *Mendelejews* bestätigt. Für die erst später entdeckten Edelgase hatten weder *Mendelejew* noch Meyer eine Gruppe vorgesehen. Dass die Edelgase jedoch einwandfrei in beide Periodensysteme eingeordnet werden konnten, war ein weiterer Beweis dafür, dass beide Ordnungssysteme richtig waren.

„Kann das Gesetz der Periodizität wissenschaftlich begründet werden?", erkundigte sich Chris.

„Ja", nickte der Lehrer, „das Gesetz der Periodizität besagt, dass sich die Eigenschaften der chemischen Elemente in Abhängigkeit vom Atomgewicht periodisch ändern, und bezieht sich auf das Atomgewicht als Ordnungsprinzip. Nach den heutigen Kenntnissen über den Aufbau der Atome gilt als Ordnungsprinzip aber nicht mehr das Atomgewicht, sondern die Kernladungszahl, also die Anzahl der Protonen im Kern. Die Perioden entsprechen der Anzahl der Elektronenschalen im Atom, während die Hauptgruppen der Anzahl der Außenelektronen entsprechen. Die Ursachen für die periodischen

Änderungen der chemischen Eigenschaften beruhen demnach auf der periodischen Wiederholung analoger Elektronenkonfigurationen und führen zum periodischen Auftreten chemisch ähnlicher Elemente. Es ist *Mendelejews* und *Meyers* großer Verdienst, die Gesetze der Periodizität ohne Kenntnis über den Aufbau der Atome gefunden zu haben. Es muss noch erwähnt werden, dass in dem heutigen Periodensystem neben den sieben Perioden achtzehn Gruppen vorgesehen sind."

„Woher kommen plötzlich die weiteren zehn Gruppen?", fragte Joel.

„Wie ihr wahrscheinlich wisst, werden die Elektronen in der Atomhülle in s, p, d und f Elektronen unterteilt. Die ersten beiden Hauptgruppen entsprechen den sogenannten s-Elementen, also den Elementen, bei denen sich in der Außenschale bis maximal zwei s-Elektronen befinden, die weiteren sechs p-Elemente entsprechen den Elementen, bei denen sich in der Außenschale neben den zwei s-Elektronen bis maximal sechs p-Elektronen aufhalten. In den Nebengruppen befinden sich zehn d-Elemente, bei denen in den inneren Schalen maximal zehn d-Elektronen eingeordnet werden. Ein weiterer Beweis, dass die Einordnung der Elemente im Periodensystem mit der Einordnung der Elektronen in der Atomhülle übereinstimmt. Die sogenannten f-Elemente gehören als Untergruppe zu den Nebengruppen im Periodensystem. Das wird man euch aber im Chemieunterricht noch genauer erklären."

„Wie lange hat *Mendelejew* gelebt?", erkundigte sich Wolfgang.

„Wie wir wissen, litt auch *Mendelejew* wie sein Vater am Grauen Star. Er starb jedoch am 2. Februar 1907 in St. Petersburg im Alter von 73 Jahren an den Folgen einer Grippe", erwiderte der Lehrer und erzählte uns, dass das Begräbnis, wie in Russland üblich, nach orthodoxem Brauch stattfand. Nach einem Gottesdienst in der Dreifaltigkeitskirche wurde der Sarg im Takte des Trauermarsches von Chopin zum Wolkowo Friedhof gefahren, wo *Mendelejew* seine letzte Ruhestätte finden sollte. An der Spitze des Trauerzuges soll der bekannte Mönch und Geistheiler *Rasputin*, der ein Portrait des Chemikers vor sich hielt, gegangen sein, gefolgt von zwei Freunden *Mendelejews*, die ein vergrößertes Bild des Periodensystems vor sich her trugen. Hinter der Musikkapelle fuhr der Leichenwagen mit dem Sarg des Chemikers, gefolgt von den Kirchenoberen, der trauernden Familie, den Vertretern des Zaren und der Regierung und Wissenschaftlern aus aller Welt. Freunde und Bekannte sowie mehrere tausend Menschen aus ganz Russland folgten, um ihm die letzte Ehre zu erweisen.

„Das war bestimmt ein sehr schönes Begräbnis", meinte Heidi.

„Ja, das war es, in der orthodoxen Kirche ist es üblich, den Toten auf diese Weise die letzte Ehre zu erweisen. Da *Mendelejew* aber so berühmt war, wurden ihm auch zahlreiche Ehrungen zuteil", fuhr der Lehrer dann fort, „er war Mitglied der russischen Akademie der Künste sowie weiterer 90 ausländischer Akademien der Wissenschaften. Nach seinem Tod wurden zu seinen Ehren zahlreiche Institute im In- und Ausland, eine Stadt, mehrere Dörfer, Straßen, ein Vulkan, ein unterseeischer Gebirgskamm und sogar ein Krater auf dem Mond nach ihm benannt. Den Nobelpreis hat er nicht erhalten, die größte Ehre erfuhr er jedoch 1955, als die Wissenschaftler der University of California in Berkeley, USA das im gleichen Jahre dort entdeckte Element 101, das erste Transfermium Element, ihm zu Ehren *Mendelevium* benannten.

***

Nach Beendigung des Unterrichts wurde es wie immer still in der Klasse und wir dachten nach, wie eng menschliches

Schicksal und Erfolg miteinander verbunden sind. Und da fiel mir ein Satz von Thomas Alva Edison ein: „Erfolg besteht aus 1 Prozent Begabung und 99 Prozent Schweiß.“

Mendelejew Dimitrij Ivanovic

Bedeutender russischer Chemiker.
Geb. 8. Februar 1834 in Tobolsk, gest. 2 Februar 1907 in St. Petersburg.

Er verfasste über 500 wissenschaftliche Arbeiten, unter anderem:
- Theorie gasförmiger Moleküle
- Theorie und Praxis der Lösungen
- Verfahren zur Ölförderung und Ölraffination
- Arbeiten über Verbindungen des Alkohols mit Wasser

1868 Entdeckung des Gesetzes der Periodizität und
1869 Aufstellung der Periodensystems der Elemente
1955 Das Element 101 wird »Mendelevium« genannt.

»Welch sonderbare Strahlen,
ich werde sie X-Strahlen nennen.«
Röntgen

Röntgen und seine wundersamen Strahlen

Wie gewöhnlich waren wir vor Unterrichtsbeginn mit uns selbst beschäftigt und nicht gerade leise, sodass wir kaum gemerkt hatten, dass der Lehrer bereits eingetreten war und sich um unsere Aufmerksamkeit bemühte. Erst als Lydia fragte, worüber wir heute sprechen sollten, wurde es stiller, sodass der Lehrer mit dem Unterricht beginnen konnte.

„Nun, ich möchte euch heute etwas über das Leben und Wirken eines der bedeutendsten deutschen Physiker des 19. Jahrhunderts erzählen", begann der Lehrer, „dessen Arbeiten aus unserem Leben heute nicht mehr wegzudenken sind."

„Wer war denn dieser Supermann?", fragte Claudia und sah den Lehrer grinsend an.

„Also, den Namen *Röntgen* habt ihr sicher schon gehört."

„Na klar", meldete sich Alex, „fast jeder hatte doch schon mal einen gebrochenen Arm oder einen gebrochenen Haxen und musste geröntgt werden."

„Genau", antwortete der Lehrer, „jeder von euch hat also schon von »Röntgenstrahlen« gehört und über den Entdecker dieser Strahlen wollen wir heute sprechen."

Dann erzählte uns der Lehrer, dass am Abend des 8. November 1895, als die Sonne längst untergegangen war, der emsige Physikprofessor *Wilhelm Conrad Röntgen* in Würzburg bei seinen Experimenten mit Kathodenstrahlen eine neue Art von Strahlen entdeckte, die unsere Welt wie nie zuvor verändern sollten.

„Wer war eigentlich *Röntgen*?“, wollte Sofie wissen.

Da wir bereits das Leben einiger Philosophen der Antike, einiger Alchimisten des Mittelalters und des großen russischen Chemikers *Mendelejew* besprochen hatten, interessierte es uns auch, wie deutsche Wissenschaftler im 19. Jahrhundert und später gelebt und gewirkt hatten.

So erzählte uns der Lehrer, dass *Röntgen* 1845 im rheinländischen Lennep bei Remscheid geboren wurde. Als er drei Jahre alt war, zog die Familie nach Apeldoorn in Holland um, wo sein Vater eine Textilfabrik besaß. Es war daher naheliegend, dass der Sohn einmal die Firma übernehmen und leiten sollte. Aber der junge *Röntgen* dachte sich wohl Pustekuchen, denn es war für ihn schwer vorstellbar, in die Textilbranche einzusteigen, weil er sich den Naturwissenschaften widmen wollte, zu denen er sich schon seit früher Kindheit hingezogen fühlte.

„Hatte *Röntgen* dann Naturwissenschaften studiert?“, erkundigte sich Colin.

„Nicht sofort, denn bis zum Studium musste der junge *Röntgen* noch etliche Hürden nehmen“, erwiderte der Lehrer und erzählte uns, dass die Familie im Jahre 1862 nach Utrecht umzog, wo der inzwischen Siebzehnjährige die Technische Schule besuchte. Leider war dieser Besuch nur von kurzer Dauer, denn als einer seiner Kollegen einen Lehrer ganz böse karikierte und dieser schimpfend und fluchend außer sich vor Wut geriet, bekannte sich *Röntgen* zu dieser Tat und flog prompt von der Schule.

„Wer hätte das gedacht, der geniale *Röntgen* ist von der Schule geflogen?“, meinte Bianka.

„Nun, er wird sich später bestimmt gefragt haben, ob sich dieses Geständnis gelohnt hatte“, ergänzte der Lehrer, „denn ohne Abschluss wollte ihn keine Universität aufnehmen. Auch ein Versuch, sein Reifezeugnis in einer Privatschule nachzuholen, scheiterte und so besuchte er zwei Jahre als Gasthörer naturwissenschaftliche Vorlesungen an der Universität in Utrecht. Erst an der Eidgenössischen Technischen Hochschule in Zürich hatte *Röntgen* mehr Glück. Nach einer Aufnahmeprüfung wurde er schließlich angesichts seiner überragenden Kenntnisse in Mathematik und den Naturwissenschaften auch ohne Reifezeugnis angenommen. So erhielt er hier bereits mit 23 Jahren sein Diplom als Maschinenbauingenieur und promovierte nur ein Jahr später an der Universität in Zürich zum Doktor der Physik.“

„Dann hatte er ja doch noch Glück“, meinte Chris.

„Ja, schon“, entgegnete der Lehrer, „aber als ihn 1870 sein Professor *A. Kundt* als seinen Assistenten nach Würzburg mitnehmen wollte, wurde ihm erneut wegen seines fehlenden Abiturs diesmal die Habilitation, also die Lehrberechtigung an Hochschulen, verweigert. Er wechselte deshalb an die neu gegründete Reichsuniversität in Straßburg, an der er sich 1874 im Fach Experimentalphysik habilitierte. Nur zwei Jahre später wurde er hier, mit 31 Jahren, zum Professor berufen.“

„Das ging aber schnell“, ergänzte Jana.

„Natürlich, mit dem nötigen Grips und Fleiß schafft man das schon“, erwiderte der Lehrer und fuhr dann fort: „In den folgenden Jahren widmete sich *Röntgen* intensiv der physikalischen Forschung, wobei seine Stärke überwiegend auf dem Gebiet der Experimentalphysik lag. Dabei kam ihm zugute, dass er nicht nur ein begnadeter Forscher, sondern auch ein scharfsinniger Beobachter war. Er schätzte das Experiment als wichtigstes Mittel, mit dessen Hilfe die Gesetze der Natur erforscht werden können. Nach mehreren Lehramtsjahren in Straßburg und Gießen, in denen er sich der physikalischen Forschung widmete, kehrte *Röntgen* 1880 als Leiter des Physikalischen Instituts an die Universität nach Würzburg zurück und nur sechs Jahre später wurde er im Alter von 49 Jahren zum Rektor der gesamten Universität ernannt."

„Das war bestimmt eine große Genugtuung für ihn", meinte Judith.

„Dem stimme ich voll und ganz zu", meinte der Lehrer und erzählte uns dann, dass die 1859 von Prof. *Julius Plücker* in Bonn in einer »Gasentladungsröhre« entdeckten »Kathodenstrahlen« schon bald nach ihrer Entdeckung das Interesse der Forscher weckten. Eine Gasentladungsröhre ist eine luftleere Glasröhre, an deren Enden jeweils eine Elektrode angebracht ist. Da zu der Zeit die Elektronen noch nicht bekannt waren, konnte man die Natur dieser Strahlen nicht erklären. Heute weiß man, dass die Kathodenstrahlen nichts anderes als Elektronen sind, die sich bei hoher elektrischer Spannung, die damals mittels eines »Funkeninduktors« erzeugt wurde, in stark verdünnten Gasen von der negativen Elektrode, der Kathode, zur positiven Elektrode, der Anode, bewegen. Zehn Jahre später entdeckte Prof. *Johann Wilhelm Hittdorf* in Bonn die Ablenkung der Kathodenstrahlen im magnetischen Feld und schließlich führte Prof. *Philipp Lenard* in Heidelberg 1886 Versuche zur Absorption der Kathodenstrahlen in der Materie durch. Dazu hatte *Lenard* am Ende der luftleeren Glasröhre eine hauchdünne Aluminium-Folie mit der Dicke von 0,5 µm, was etwa zehntausend Atomschichten entspricht, eingeschmolzen, um den Kathodenstrahlen den Austritt aus der Röhre zu ermöglichen. Das sogenannte »Lenardfenster« ermöglichte nun Versuche mit Kathodenstrahlen außerhalb der Glasröhre. Mittels eines Fluoreszenzschirms stellte Lenard fest, dass die Kathodenstrahlen schon nach knapp acht Zentimetern von der Luft absorbiert wurden.

„Ich dachte, wir sprechen über Röntgenstrahlen“, meldete sich Luka. „Natürlich, aber dazu brauchen wir die Kathodenstrahlen“, meinte der Lehrer. „Also, an jenen Abend im November wollte *Röntgen* die Untersuchungsergebnisse *Lenards* überprüfen. Da zu der Stunde die Studenten das Institut schon längst verlassen hatten und auch sein Assistent sich bereits in seine Dienstwohnung zurückgezogen hatte, blieb *Röntgen* nichts anderes übrig, als seine Geräte selbst aufzubauen. Dazu musste er die Lenard-Röhre mit einem Funkeninduktor verbinden, der die nötige Hochspannung lieferte. Um jegliches störendes Licht auszuschließen, bedeckte er die Gasentladungsröhre mit einem schwarzen Pappkarton und verdunkelte anschließend das Zimmer. Beim Einschalten des Funkeninduktors beobachtete er auf einem mit Bariumsalz bestrichenen Leuchtschirm, den er um die Röhre führte, dass dieser in der Nähe des Aluminiumfensters stärker leuchtete, wobei das Leuchten schon nach kurzer Entfernung erlosch.“

„Hatte das nicht auch schon Professor *Lenard* festgestellt?“, fragte Joel.

„Ja, das stimmt, aber genau diese Versuche *Lenards* wollte er ja überprüfen, als er plötzlich erschrak. Denn der ganze Raum schien auf einmal verhext zu sein, auf dem Nebentisch leuchteten einige Kristalle und der Leuchtschirm, den er über einen Meter entfernt abgestellt hatte, zeigte einen fahlgrünen breiten Streifen. Als *Röntgen* den Strom ausschaltete, war das geheimnisvolle Leuchten der Kristalle verschwunden und das grüne Licht am Schirm verblasst. Sobald er jedoch den Strom einschaltete, leuchtete sofort wieder alles auf.“

„Das war ja gespenstisch“, meinte Bianka, „ich wäre bestimmt weggelaufen.“

„Typisch Weiber", frotzelte Sven.

„Halt die Klappe, du hättest ja vor Schreck gleich die Hosen voll", erwiderte ihm Susanne.

„Auch Röntgen war jetzt so baff, dass sich seine Haare sträubten", antwortete der Lehrer, „denn normalerweise leuchtete die Substanz auf dem Schirm nur, wenn Licht darauf fiel, da aber im Labor weder sichtbares, noch UV-Licht vorhanden waren und die Kathodenstrahlen schon nach wenigen Zentimetern von der Luft verschluckt wurden, musste die Fluoreszenz durch die Emission einer bisher unbekannten, unsichtbaren Strahlung hervorgerufen worden sein oder es war gar der Leibhaftige im Spiel. Auch als er ein Blatt Papier, ein Buch, ja sogar ein Stück Holz vor die Entladungsröhre hielt, leuchtete die Schicht weiter. Schließlich hielt er seine Hand in den Strahlengang und sah zu seinem Erstaunen auf dem Schirm

die Umrisse seiner Handknochen und seines Rings. Nun war er völlig aus dem Häuschen.

Aber als Wissenschaftler gab er natürlich nicht so schnell auf und an Wunder oder überirdische Kräfte glaubte er schon ganz und gar nicht."

„Das war ja sehr interessant", meinte Chris.

„Ja, aber es ging noch weiter, es war bereits Mitternacht, doch *Röntgen* spürte keine Müdigkeit. Als er die Strahlen durch die geschlossene Tür in ein Nebenzimmer lenkte, bemerkte er, dass der Leuchtschirm mit grünen und dunklen Streifen bedeckt war. Er weckte den Institutsdiener und verlangte von ihm, sofort einen Tischler zu holen. Als er die beiden dann aufforderte, die Tür auseinanderzunehmen, schauten sich beide verwundert an und der Tischler mag sich wohl gefragt haben, ob der Professor noch richtig tickt."

„Warum sollten sie denn die Tür auseinandernehmen?", wunderte sich Heidi.

„Nun, der Professor vermutete, dass in der Tür irgendwelche Bauteile waren, welche die Streifen am Leuchtschirm verursachten", meinte der Lehrer und erzählte uns dann, dass, nachdem die Tür reif für den Sperrmüll war, Röntgen jeden Quadratzentimeter untersuchte, jedoch ohne sichtlichen Erfolg. Dann verlangte er von dem erstaunten Institutsdiener auch noch, die Farbe der Tür abzuschaben. Während dieser nun im Takte von Mahlers Trauermarsch schabte und mit verschlafenen Augen fragend zum Himmel blickte, wann denn der Professor endlich Ruhe geben würde, untersuchte Röntgen die von der Farbe abgeschabten Holzstücke und siehe da, jetzt zeigten sich keine Schatten mehr. Röntgen war erleichtert und nachdem ihm der Institutsdiener erklärt hatte, dass die Tür mit Bleiweiß gestrichen war, ging Röntgen ein Licht auf. ›Natürlich‹, murmelte er, ›Bleiweiß, ein basisches Bleikarbonat‹, und alle Zweifel waren gewichen. Das in der Farbe enthaltene Blei, das für die Strahlen undurchdringlich war, hatte die Schatten auf dem Leuchtschirm bewirkt.

›Also, da haben wir's‹, dachte sich wohl der Institutsdiener, ›und jetzt ist Schluss mit lustig, denn ich gehe jetzt schlafen.‹

„Das war ja sehr interessant", bemerkte Claudia,

„Ja, das war es in der Tat", stimmte der Lehrer zu, „denn die unbekannte Strahlung, die er zunächst »X-Strahlen« nannte, vermochte offenbar verschiedene Materialien bis zu einem gewissen Grad zu durchdringen. In den folgenden Tagen stellte *Röntgen* fest, dass man mit den neuen Strahlen auch fotografieren konnte, indem er den Schirm durch eine fotografische Platte ersetzte. Obwohl er erkannt hatte, dass die neuen Strahlen beim Auftreffen von Kathodenstrahlen auf Metall entstehen, hatte er dennoch keinen blassen Schimmer, woher diese Strahlen kamen und welcher Natur sie waren."

„Woher wusste er denn überhaupt, dass es sich um Strahlen handelte?", wurde der Lehrer gefragt.

„Weil unsichtbare Strahlen von so hoher Durchdringungsfähigkeit bis dahin noch nie aufgefallen waren", antwortete der Lehrer und erzählte uns dann, dass *Röntgen,* ohne irgendjemandem von seiner Entdeckung zu erzählen, in den nächsten Tagen diesen Fragen systematisch und äußerst gewissenhaft nachging. Um nicht gestört zu werden, verlegte er sogar seine Schlafstelle in sein Labor, in dem er Tag und Nacht arbeitete und in das er außer seiner Frau, die ihm sein Essen brachte, niemand anders hineinließ.

„Was sagte denn seine Frau dazu?", wollte Lydia wissen.

„Nun, sie wusste ja ‚was es heißt, mit einem Wissenschaftler verheiratet zu sein", entgegnete der Lehrer und wollte fortfahren, aber Sofie hakte nach: „Arme Frau, ich werde jedenfalls nie einen Wissenschaftler heiraten."

„Schon gut, meinte der Lehrer lächelnd und fuhr fort, „nach nur wenigen Wochen veröffentlichte *Röntgen* die Ergebnisse seiner Untersuchungen in einer vorläufigen Mitteilung unter dem Titel: »Über eine neue Art von Strahlen« und berichtete am 23. Januar 1896 über seine Entdeckung vor der »Physikalisch-Medizinischen Gesellschaft« in Würzburg. Damit erregte er so große Begeisterung, dass der Anatom *Albert von Kölliker*, einer der führenden Mediziner seiner Zeit, spontan vorschlug, die X-Strahlen in »Röntgenstrahlen« umzubenennen. In dem ersten und zwei weiteren Berichten hatte *Röntgen* seine Strahlen so ausführlich beschrieben, dass in den folgenden zehn Jahren trotz massiven Aufwandes vieler Physiker keine weiterführenden Erkenntnisse erzielt werden konnten."

„Was hatte er denn so genau beschrieben?", fragte Wolfgang.

„Nun, zunächst hatte er seine Versuche genau beschrieben, die Energie der Strahlen sowie auch ihre Eigenschaften, wie Absorption, Durchdringungsfähigkeit, Erzeugung von Fluoreszenz usw."

„Kennt man heute die Natur der Röntgenstrahlen?", wollte Edi wissen.

„Ja", antwortete der Lehrer, „schon 1896 schloss *George Gabriel Stokes* aus der Art ihrer Entstehung, dass die Röntgenstrahlen genau wie Licht elektromagnetische Wellen, jedoch von sehr hoher Frequenz, also sehr kurzer Wellenlänge, sind. Der Nachweis wurde zehn Jahre später von dem englischen Physiker *Charles Glover Barkla* durch Polarisationsversuche und durch die Entdeckung des kontinuierlichen und des Linienröntgenspektrums erbracht. Den endgültigen Nachweis fand schließlich Max v. Laue 1912 durch seine Interferenzversuche an Kristallgittern."

„Sie haben uns bis jetzt nur erzählt, wie die Röntgenstrahlen entdeckt wurden, aber wie entstehen sie?“, fragte Joel den Lehrer.

„Du hast ja Recht, Joel“, meinte der Lehrer, „wie Röntgenstrahlen entstehen, konnte man damals nicht erklären, da man zu der Zeit von der Existenz der Elektronen noch gar nichts wusste. Heute weiß man, Röntgenstrahlen entstehen, wenn schnelle Elektronen, zum Beispiel Kathodenstrahlen, auf Materie treffen. Durch die Wechselwirkung der Elektronen mit den elektrischen Feldern der Atomkerne werden die Elektronen abgebremst oder abgelenkt. Dadurch vermindert sich die Bewegungsenergie der Elektronen, das heißt also, dass sie langsamer werden. Die dabei verlorengehende Energie wird in elektromagnetische Strahlung umgesetzt und als Röntgenstrahlung ausgesendet. Man spricht in diesem Fall von »Bremsstrahlung«.“

„Gibt es auch eine andere Art von Röntgenstrahlung?“, fragte Colin.

„Ja, die gibt es, und zwar: Wenn ein Hüllenelektron aus einer innen liegenden Schale durch ein schnelles Elektron aus der Atomhülle hinausgeschleudert wird, dann wird der leergewordene Platz durch ein Elektron aus einer weiter äußeren Schale wieder besetzt. Bei diesem Schalenwechsel innerhalb der Atomhülle entsteht elektromagnetische Strahlung in Form eines Photons. Findet der Schalenwechsel in Atomen mit niedriger Protonenzahl auf kernfernen Schalen statt, so entsteht sichtbares Licht. Bei einem Schalenwechsel auf kernnahen Schalen in Atomen mit hoher Protonenzahl entstehen energiereiche Röntgenphotonen. Diese Art von elektromagnetischer Strahlung wird »charakteristische Röntgenstrahlung« genannt, weil die Energie der ausgesandten Photonen für jedes Element charakteristisch ist.“

„Wie ging es dann mit den Röntgenstrahlen weiter?", wollte Colin wissen.

„Nun", erzählte der Lehrer weiter, „nachdem *Röntgen* 1895 die allererste Röntgenaufnahme gemacht hatte, war das Interesse an dieser Strahlung sehr groß." Der Lehrer zeigte uns dann eine Kopie des ersten Röntgenbildes, auf dem der Ring und die Knochen mit dem sie umgebenden Halbschatten des Gewebes von der Hand seiner Frau zu sehen war, und fuhr fort: „Hauptsächlich wegen der Eigenschaft der Röntgenstrahlen, Materie zu durchdringen, und der Möglichkeit, das Innere von Körpern zu fotografieren, war man vor allem in der Medizin schier außer sich vor Begeisterung, da sie den Ärzten erlaubten, Brüche zu diagnostizieren und Fremdkörper, wie Nadeln oder Kugeln, aufzuspüren. Kaum ein Jahr nach ihrer Entdeckung erschien bereits das erste Buch über »Methoden der Röntgendiagnostik«. Weitere Verbesserungen ermöglichten den Ärzten Röntgenaufnahmen vor allem der inneren Organe und unter Verwendung von Kontrastmitteln sogar von Hohlorganen und Blutgefäßen."

„Werden bei CT-Aufnahmen auch Röntgenstrahlen eingesetzt?", interessierte sich Marco.

„Ja", antwortete der Lehrer, „die sogenannte Computertomographie , kurz CT genannt, ist ein Röntgenschichtverfahren, das uns erlaubt, Schichtaufnahmen von einzigartiger Qualität zu erstellen, die von größter Bedeutung für die Medizin sind."

„Ich habe gehört, dass man mit Röntgenstrahlen auch Krebs behandeln kann", ergänzte Sofie.

„Ja, das stimmt", meinte der Lehrer, „in der Folgezeit wurden die Röntgenstrahlen auch in der Therapie, zunächst zur Behandlung von Hautkrebs und später auch anderer Krebsarten, mit Erfolg eingesetzt. Ich möchte noch erwähnen, dass die Entdeckung der Röntgenstrahlen eine der wenigen Entdeckungen der Physik war, die nicht nur die Fachwelt, sondern auch die Menschen auf der Straße faszinierte. Nie zuvor und danach wurde in so kurzer Zeit ein so großer praktischer Nutzen aus einer Entdeckung der Physik gezogen und kaum eine Entdeckung hat die medizinische Welt derart verändert wie diese. Die Röntgenstrahlen sind heute aus unserem Leben nicht mehr wegzudenken."

„Welche Ehrungen hat *Röntgen* für die Entdeckung erhalten?", wollte Joel wissen.

„Natürlich wurden *Röntgen* für diese epochemachende Entdeckung zahlreiche Ehrungen zuteil. Er erhielt zahlreiche Auszeichnungen, Ehrenmitgliedschaften verschiedener Institute. In vielen Städten wurden Straßen nach ihm benannt, er war Ehrenbürger der Stadt Würzburg. Bereits 1932 wurde in Remscheid-Lennep in der Nähe seines Geburtshauses das »Röntgen-Museum« eröffnet, das 1951 in »Deutsches Röntgen-Museum« umbenannt wurde. Die bedeutendste Auszeichnung war allerdings der ihm 1901 verliehene »Nobelpreis für Physik«, den er als erster Wissenschaftler überhaupt erhalten hat. Schließlich wurde am 17. November 2006 das im Jahre 1994 bei der Gesellschaft für Schwerionenforschung in Darmstadt von S. Hofmann und anderen entdeckte chemische Element 111 zu Ehren des großen Physikers »Roentgenium« genannt."

„Wie war *Röntgen* eigentlich als Mensch?", fragte Lydia.

„Also, soweit mir bekannt ist, war *Röntgen* vor allem Fremden gegenüber recht wortkarg und misstrauisch", entgegnete der Lehrer, „er war aber in seinem engsten Freundeskreis ein lebensfroher und heiterer Mensch, der gerne in die Bergen wandern ging und ein passionierter Jäger war. Bis weit über sein Rentenalter hinaus war er als Professor für Physik in München tätig. Natürlich hat er durch seine Entdeckung auch ein beachtliches Vermögen verdient, doch durch die eingetretene Inflation nach dem Ersten Weltkrieg hat er sein gesamtes Vermögen verloren. So starb *Röntgen* am 10. Februar 1923 völlig mittellos in München im Alter von 78 Jahren an ... Unterernährung, er war buchstäblich verhungert! Er wurde auf dem Alten Friedhof ihn Gießen beigesetzt."

Nach einer Pause erzählte uns der Lehrer, dass nach der Entdeckung der Röntgenstrahlen weltweit eine intensive Suche nach neuen Strahlen begann und nur knapp einen Monat nach der Veröffentlichung über die Entdeckung der Röntgenstrahlen entdeckte *Henri Becquerel* im Februar 1896 die Uranstrahlen und damit die »natürliche Radioaktivität«, die jedoch damals noch wenig Beachtung fand.

***

Wir waren alle sehr bestürzt, als die Stunde zu Ende war, und die meisten dachten, wie ungerecht das Leben eigentlich sein kann. Der Mann, der so vielen Menschen geholfen hatte, starb auf diese so traurige Weise. Aber es faszinierte uns zu wissen, dass, wie so oft in den Naturwissenschaften, auch die Entdeckung der Röntgenstrahlen purer Zufall war. Allerdings hätte die Welt ohne die geniale Beobachtungsgabe und den Fleiß *Röntgens* noch lange auf die Entdeckung dieser Strahlen warten müssen.

Am Ende des Unterrichts fragte Bianka den Lehrer, ob es unter den vielen Philosophen und Wissenschaftlern keine Frauen gab. „Natürlich", antwortete der Lehrer, „es gab zahlreiche Frauen wie zum Beispiel *Marie Curie* und ihre Tochter *Irene Joliot-Curie,* die beide den Nobelpreis erhielten, *Lise Meitner,* nach der sogar ein chemisches Element, das Element 109, »Meitnerium« benannt wurde und viele andere." Und dann versprach uns der Lehrer, dass wir in der nächsten Stunde über eine der berühmtesten Wissenschaftlerinnen sprechen würden.

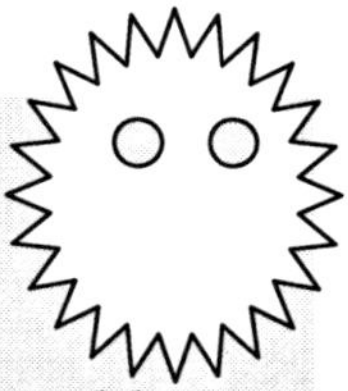

Wilhelm Conrad Röntgen

Deutscher Physiker, Entdecker der Röntgenstrahlen. Geb. 27. März 1845 in Lennep, gest. 10. Februar 1923 in München.

Seine bedeutendsten Arbeiten waren:
- Über die Drehung der Polarisationsebene durch Gase,
- Der Kerr- Effekt
- Piro- und Piezoelektrizizät,
- Elektrische Leitfähigkeit von Kristallen u.a.

1896 Entdeckung, Erforschung und Anwendungen der Röntgenstrahlen
1901 Nobelpreis für Physik
2006 Das 1994 in Darmstadt entdeckte chemische Element 111 wird »Roentgenium« genannt.

»*Marie Curie* ist von allen Persönlichkeiten
die einzige, die der Ruhm nicht verdorben hat.«
Albert Einstein

Marie Curie,
der Tod kam heimtückisch und still

Auf den heutigen Unterricht waren besonders unsere Mitschülerinnen neugierig, da wir über eine der berühmtesten Wissenschaftlerinnen sprechen sollten, die als einzige Frau für ihre Arbeiten gleich zweimal die größte wissenschaftliche Ehrung, die Verleihung des Nobelpreises, erfahren hat.

„Es ist für mich selbstverständlich, auch über Frauen in der Wissenschaft zu sprechen", begann der Lehrer den Unterricht und bezog sich auf die Frage Biankas in der letzten Stunde, „dass ich es bisher nicht tat, liegt auch einfach daran, dass bis Ende des neunzehnten Jahrhunderts Frauen zum Studium nicht zugelassen wurden. Leider ist das in vielen Ländern auch heute noch so. Bis Anfang des zwanzigsten Jahrhunderts gab es kaum Frauen, die auf wissenschaftlichen Gebiet tätig waren und schon gar nicht auf dem Gebiet der Naturwissenschaften."

„Warum durften Frauen früher nicht studieren?", wollte Bianka wissen.

„Das lag vor allem daran, dass in einer von Männern dominierten Welt die Meinung bestand, dass sich Frauen lieber um die Vermehrung der Menschheit kümmern sollten statt um die Erforschung physikalischer Gesetze oder gar um technische Fragen, da sie dazu gar nicht fähig seien", erklärte der Lehrer.

„So ein Unsinn", meinte Heidi erbittert, „was bilden sich die Männer eigentlich ein?"

„Sei doch nicht immer so zickig", entgegnete Alex, „ich habe auf jeden Fall nichts gegen Frauen, äh, ... gegen hübsche."

„Diese Vorurteile wurden ja, Gott sei Dank, im letzten Jahrhundert von vielen Frauen widerlegt", erwiderte der Lehrer, „ich hatte übrigens sowieso geplant, heute über das Leben und Wirken der berühmten Physikerin *Marie Curie* zu sprechen."

„Wer war denn dieses Superweib?", fragte Sven grinsend und sah Heidi provozierend an.

„Jetzt geht's schon wieder los, kannst du denn nicht mal die Klappe halten, du Supermann?", fragte Jana.

„Nun, *Maria Salomea Sklodowska-Curie* wurde im Jahre 1867 als das jüngste von fünf Kindern des Lehrerehepaares *Sklodowski* in Warschau geboren", begann der Lehrer und erzählte uns dann, dass ihre Eltern dem polnischen Kleinadel angehörten. Der Vater war Mathematik- und Physiklehrer an einem Gymnasium in Warschau, die Mutter war ebenfalls Lehrerin und Leiterin der einzigen privaten Mädchenschule in Warschau. Noch vor *Marias* Geburt erkrankte die Mutter an Tuberkulose, eine Krankheit, die damals als unheilbar galt, und so musste die Mutter aus Furcht vor Ansteckung jeglichen Kontakt zu ihren Kindern vermeiden. Dies wirkte sich natürlich auch auf die Entwicklung *Marias* aus, die sich in ihre eigene Welt zurückzog, viel las und einen Ausgleich in der Natur suchte. Sie soll ein sehr kluges und aufgewecktes Kind gewesen sein und dank der älteren Geschwister konnte sie bereits mit vier Jahren lesen. Mit sechs wurde sie eingeschult und wechselte mit elf Jahren, kurz nach dem Tod ihrer Mutter, die an den Folgen ihrer Krankheit verstorben war, auf das öffentliche Gymnasium. Bereits mit 15 Jahren bestand sie das Abitur als Klassenbeste. Nach dem Abitur musste sie aufgrund der schwierigen finanziellen Lage der Familie verschiedene Stellen als Erzieherin und Hauslehrerin annehmen, um ihren Lebensunterhalt zu bezahlen, gleichzeitig aber auch, um das Medizinstudium ihrer Schwester in Paris zu finanzieren. Da es zu der Zeit in Warschau keine polnischen, sondern nur russische Hochschulen gab und Frauen zum Studium nicht zugelassen wurden, nahm *Maria* mit zwei ihrer Schwestern an Vorlesungen der sogenannten »Fliegenden Universität« teil, einer illegalen Einrichtung, die es Jugendlichen ermöglichte, sich in ihrer Muttersprache weiterzubilden. Themen dieser Vorlesungen, die geheim in Privatwohnungen stattfanden, waren hauptsächlich Naturwissenschaften und Soziologie. Schließlich reiste sie 1891 zu ihrer Schwester nach Paris, um an der berühmten Pariser »Sorbonne« Physik und Chemie zu studieren. Sie nannte sich nun *Marie,* die französische Variante von *Maria*.

„Wie hat sie sich denn ihr Studium finanziert?", fragte Judith.

„Einerseits hatte sie etwas Geld gespart, wurde aber vor allem von ihrer Schwester unterstützt, die in der Zwischenzeit ihr Medizinstudium beendet hatte. Mit viel Fleiß hatte sie sich zusätzlich erfolgreich noch um ein kleineres Stipendium beworben, mit dem sie sich über Wasser halten konnte", erwiderte der Lehrer. „Das karge Leben und ihre übermenschlichen Anstrengungen zehrten jedoch an ihrer Gesundheit, sodass sie während des Studiums mehrmals vor Erschöpfung und Hunger zusammengebrochen sein soll. Dennoch belegte sie in der Abschlussprüfung 1893 in Physik den ersten Platz und ein Jahr später wurde sie Zweitbeste in der Abschlussprüfung für Mathematik."

„War *Marie Curie* verheiratet", fragte Susanne.

„Darauf habe ich gewartet", meinte Sven, „das ist immer eure größte Sorge."

„Bla, bla", entgegnete Susanne, „ohne deine Mutter wärst du ja auch nicht auf der Welt."

„Du hast ja Recht, Sven“, meinte der Lehrer, „aber Frauen denken nun mal auch an Familie und *Marie* machte da auch keine Ausnahme. 1894 lernte sie den acht Jahre älteren Physiker *Pierre Curie* kennen, der durch seine Arbeiten über Magnetismus und durch die Entdeckung der nach ihm benannten »*Curie*-Temperatur« sowie der »Piezoelektrizität« schon damals sowohl in Frankreich als auch außerhalb sehr geschätzt wurde. Zu der Zeit war *Pierre* an der »L'École supérieure de physique et de chimie industrielle de la ville de Paris«, also »der Städtischen Schule für Physik und Industrielle Chemie«, tätig. Obwohl hochqualifiziert, entsprach sein Einkommen jedoch kaum dem eines Facharbeiters. Zwischen den beiden entwickelte sich aber bald ein freundschaftliches Verhältnis, sodass *Pierre*, der inzwischen zum Professor befördert wurde, sein Herz in die Hand nahm und *Marie* einen Heiratsantrag machte.“

„Das war ja sehr schön“, meinte Bianka, „darauf warte ich auch schon lange.“

„Das wird schon noch, Bianka“, versicherte der Lehrer, „nur etwas Geduld, der Richtige kommt bestimmt noch ... *Pierre* erhielt aber leider einen Korb, denn *Marie* lehnte ab, weil sie nach Polen zurückzukehren wollte.“

„Oooooh“, kam es aus der Klasse, besonders von unseren Mädchen, die ziemlich enttäuscht waren.

„*Marie* erlebte allerdings in Polen eine große Enttäuschung, denn trotz ihrer hervorragenden Zeugnisse bekam sie in Warschau keine Stelle als Lehrerin und so kam sie noch im gleichen Jahr, also 1895, nach Paris zurück, ja und dann, ja, dann heiratete sie schließlich *Pierre Curie* doch noch.“

„Schööön“, kam es aus der Klasse und man sah unseren Girls an, dass sie zufrieden waren.

„Wie war denn die Ehe mit *Pierre*?“ wollte Jana wissen.

„So wie mir bekannt ist, - ich war ja nicht dabei -", meinte der Lehrer lachend, „hat sich ihre Lage auch nach der Heirat nicht verbessert. Im ersten Ehejahr bemühte sich Madame *Curie* um die Aufnahme in den höheren Schuldienst und das kleine Einkommen ihres Mannes reichte nur knapp für einen bescheidenen Unterhalt. Selbst die Hochzeitsreise konnten sie nur auf Fahrrädern, die sie von einem Verwandten als Hochzeitsgeschenk erhalten hatten, unternehmen. Das trübte ihre Stimmung aber nicht und im September 1897 brachte *Marie* ihre erste Tochter *Irène* zur Welt, die künftige Nobelpreisträgerin *Irène Joliot-Curie.*"

„Womit hat sich Frau *Curie* eigentlich beschäftigt?", fragte Chris interessiert.

„Nun, die Forschungsarbeiten von Madame *Curie* sind ja eigentlich unser heutiges Thema. Aber um diese Frage zu beantworten, muss ich euch zunächst über die Arbeiten des Physikprofessors *Antoine Henri Becquerel* aufklären", erwiderte der Lehrer und erzählte uns dann, dass *Becquerel* im Jahre 1896 bei einer Sitzung der Akademie der Wissenschaften in Paris über eine unbekannte Strahlung berichtete, die er bei Untersuchungen von Uransalzen zufällig bemerkt hatte. Er hatte nämlich festgestellt, dass selbst nach einiger Zeit im Dunkeln Uran die Fähigkeit besaß, Photoplatten zu schwärzen, und das sogar durch Papier, Karton oder gar Aluminium. *Becquerel* vermutete, dass vom Uran selbst eine Strahlung ausgehen müsste, die diese Schwärzung verursachte. Leider blieb diese Entdeckung damals nahezu unbeachtet, weil die Wissenschaftler noch unter dem Einfluss der kurz vorher entdeckten Röntgenstrahlung standen. Madame *Curie,* seit 1894 Assistentin des Professors *Becquerel,* war jedoch fest davon überzeugt, dass auch andere Elemente Strahlen aussenden könnten und beschloss, die Uran-, später auch »Becquerel-Strahlung« genannt, im Rahmen ihrer Doktorarbeit näher zu untersuchen.

„Wie kann man denn solche Strahlen untersuchen?", wollte Wolfgang wissen, da er sich besonders für Naturwissenschaften interessierte.

„Nun, da Strahlen ionisierend wirken, kann die Strahlenintensität durch ihren Einfluss auf die elektrische Leitfähigkeit der Luft gemessen werden", führte der Lehrer aus. „So begann Madame *Curie* ihre Untersuchungen durch präzise Messungen der elektrischen Leitfähigkeit der Luft in der Nähe von Uranerzen. Sie verwendete dafür ein schon früher von ihrem Mann entwickeltes, sogenanntes »piezoelektrisches Elektrometer«. Ihre Arbeit fand jedoch unter äußerst ungünstigen Bedingungen statt, da der Raum, in dem sie ihre Messungen durchführte, hohen Temperaturschwankungen ausgesetzt und sehr feucht war, was die Messungen stark beeinflusste. Dennoch untersuchte sie die Strahlung aller Uranpräparate und Erzproben, die ihr zur Verfügung standen. Doch dann kam der große Tag: Zu ihrem Erstaunen fand sie heraus, dass Proben von Pechblende, einem sehr reichen Uranerz aus dem Böhmischen Bergwerk St. Joachimstahl, durchschnittlich viermal stärker radioaktiv waren als chemisch reines Uran. Die Pechblende musste also eine besonders starke radioaktive Substanz enthalten, vermutlich ein neues, bisher unbekanntes chemisches Element."

„Handelte es sich hier um Radioaktivität?" fragte Claudia.

„Ja, natürlich, übrigens, das muss ich noch hinzufügen, wurde der Begriff »radioactivité«, zu Deutsch »Radioaktivität« von Frau Curie vorgeschlagen, um dieser neu entdeckten physikalischen Eigenschaft der Elemente eine Bezeichnung zu geben", ergänzte der Lehrer, „die sie vom lateinischen Wort »radius«, das heißt »Strahl«, abgeleitet hatte. Zusammen mit ihrem Mann stürzte sie sich nun mit fanatischem Eifer in die Suche nach diesem neuen Element."

„Waren die radioaktiven Strahlen denn nicht gefährlich?", fragte Joel, der, wie viele andere unserer Kollegen, schon oft davon gehört hatte.

„Ja, sicher waren diese Strahlen sehr gefährlich", entgegnete der Lehrer, „doch das wusste man zu der Zeit leider nicht. Ohne jegliche Schutzmaßnahmen trennten *Marie* und *Pierre* daraufhin in mühsamer Arbeit die Pechblende in ihre Bestandteile auf. Dabei erlebten sie eine weitere Überraschung, denn sie fanden gleich zwei ganz unterschiedliche hochradioaktive Fraktionen: die eine enthielt Bismutsalze, die zweite Bariumsalze. Zu ihrem Erstaunen stellten sie fest, dass die Bismutfraktion umso aktiver wurde, je mehr Bismut sie daraus entfernten. Schließlich konnten sie eine Fraktion isolieren, die über 300 Mal aktiver war als Uran. Für die Eheleute *Curie* war klar, die Strahlung konnte nur von einem neuen chemischen Element stammen. Zu Ehren ihrer alten Heimat gab *Marie Curie* diesem Element den Namen »Polonium«. Die Existenz dieses Elements, das übrigens bereits von *D.I. Mendelejew* vorausgesagt wurde, konnte schließlich 1902 von *Ernest Rutherford* bestätigt werden."

„Hat *Marie Curie* nicht auch das Radium entdeckt?", wollte Colin wissen.

„Wie ich schon sagte, haben die Eheleute *Curie* bei der chemischen Auftrennung der Pechblende auch eine hochradioaktive Bariumfraktion erhalten, in der offensichtlich ein weiteres unbekanntes Element enthalten war. Diese Fraktion konnte bis auf eine Aktivität gesteigert werden, die neunhundert Mal höher als die des Urans war. Das neue Element, das nur aufgrund seiner radioaktiven Strahlung und kurz danach von *Eugène Demarcay* auch durch seine kaminrote Spektrallinie nachgewiesen werden konnte, wurde vom Ehepaar *Curie* »Radium« genannt. Die Entdeckung des Radiums gaben die Eheleute *Curie* im Dezember 1898 in der Versammlung der »Académie de sciences«, also der »Akademie der Wissenschaften«, bekannt."

„Können chemische Elemente aufgrund ihrer radioaktiven Strahlung und ihrer Spektrallinien erkannt werden?", wollte Wolfgang wissen.

„Ja, vor allen Dingen war die Aktivität der beiden Elemente extrem hoch, außerdem konnte ermittelt werden, dass es sich bei beiden um Alpha-Strahlung handelte", erklärte der Lehrer, „maßgeblich war jedoch die bis dahin unbekannte Spektrallinie des Radiums, die keinem bisher bekannten chemischen Element zugeordnet werden konnte."

„Hatten die Eheleute *Curie* das Radium auch isoliert?", fragte Joel.

„Bis dahin nicht", erwiderte der Lehrer, „und diese Aufgabe war die größte Herausforderung, die sich ihnen stellte. Denn nach ihren Schätzungen betrug der Anteil des Radiums in der Pechblende bloß 1 %, tatsächlich waren es 0,000001 %, genauer gesagt, etwa 0,14 g Radium pro Tonne Pechblende. Um das neue Element in reiner Form darzustellen, benötigten die Eheleute *Curies* daher mehrere Tonnen Pechblende, die sie sich jedoch nicht leisten konnten. Mit Unterstützung der Akademie der Wissenschaften in Wien und der Wiener Königlichen und Kaiserlichen Regierung gelang es ihnen jedoch, zwei Waggons der nach Herauslösung des Urans zurückbleibenden, wertlosen Rückstände günstig zu erwerben. Zur Aufarbeitung dieser riesigen Menge von Pechblende wurde den Eheleuten *Curie* ein Schuppen im Hof der Städtischen Schule in der Rue Lhomond, an der Pierre tätig war, zur Verfügung gestellt. Die Arbeitsbedingungen waren entsetzlich. Ein Betonfußboden, Bretterwände und ein undichtes Glasdach bewirkten, dass im Sommer eine Tropenhitze und im Winter eisiger Frost herrschten. Am schlimmsten war, dass es keinen Abzug zur Abführung der beißend, giftigen Gase gab. Dazu benutzten sie eine primitive Ausrüstung, wie zum Beispiel eine Eisenstange zum Umrühren

der kochenden Brühe in einem riesigen Kessel. Vier Jahre arbeiteten die Eheleute *Curie* unter unwürdigsten Bedingungen an der Aufarbeitung dieser riesigen Menge Pechblende. 1902 war das Ziel erreicht, es gelang ihnen, ein Zehntel Gramm Radiumbromid zu isolieren. Diese Menge reichte, um das Atomgewicht des neuen Elements erstaunlich genau zu bestimmen."

„Haben sie keine gesundheitlichen Schäden davongetragen?", fragte Sofie.

„Natürlich haben sie, ihre aufopfernde Arbeit, ihre schlechte Ernährung führten schließlich zu erheblicher körperlicher Schwächung, einer Lungenentzündung, einer Fehlgeburt, aufgerissenen Händen, entzündeten Fingernägeln, um nur einige der Folgen zu erwähnen. Im Jahr 1903 konnte sie schließlich ihre Dissertation mit dem Titel »Untersuchungen über radioaktive Substanzen« einreichen und erhielt daraufhin den Doktortitel."

„Wann hat Frau *Curie* den Nobelpreis erhalten?", wollte Chris wissen.

„Also, zunächst verlieh im November 1903 die Royal Society in London dem Ehepaar *Curie* die »Davy-Medaille«, eine der bedeutendsten wissenschaftlichen Auszeichnungen. Bei dieser Gelegenheit lernten sie den großen Physiker *Ernest Rutherford* kennen", antwortete der Lehrer, „und im Dezember desselben Jahres wurde ihnen zusammen mit *Henri Becquerel* von der Akademie der Wissenschaften in Stockholm der Nobelpreis für Physik verliehen."

„Ich glaube, dass der Nobelpreis die größte Annerkennung für die Leistungen eines Wissenschaftlers ist, und *Marie Curie* und ihr Ehemann hatten diesen Preis bestimmt verdient", ergänzte Susanne.

„Da kann ich nur zustimmen", erwiderte der Lehrer, „1904 schien das Glück der *Curies* durch die Geburt ihrer zweiten Tochter *Eve* vollkommen zu sein. Leider kannte das Schicksal aber auch bei diesen großen Forschern keine Gnade. Pierre, inzwischen ordentlicher Professor an der Mathematisch-naturwissenschaftlichen Fakultät der Pariser Universität, starb 1906 bei einem tragischen Verkehrsunfall beim Überqueren einer Straße. Er wurde von einer Straßenbahn überfahren. Dieser tragische Tod traf Frau *Curie* schwer, aber der Wille, die Arbeit, die sie mit ihrem Mann begonnen hatte, zu Ende zu führen, gab ihr die Kraft, weiterzuarbeiten."

„Was wollte sie eigentlich noch machen?", fragte Wolfgang, denn ich dachte, dass ihre Arbeit beendet war."

„Nachdem Madame *Curie* zunächst die Vorlesungen ihres Mannes weitergeführt hatte, übernahm sie 1908 dessen Professur und wurde so, als erste Frau überhaupt, Professorin an der Pariser Sorbonne."

„Was ist eigentlich die Sorbonne?", wollte Claudia wissen.

„Soviel ich weiß, ist die Sorbonne die älteste Universität in Paris und war der geistige Mittelpunkt Frankreichs. Der Name geht auf *Robert de Sorbone* zurück, der etwa 1255 ein Internat für mittellose Studenten gegründet hatte, das zugleich auch Studienort war. Heute ist die Sorbonne die größte Universität Frankreichs und Sitz mehrerer Universitäten in Paris."

„Wie ging es mit Frau Curie weiter?", fragte Wolfgang.

„Ihr wichtigstes Ziel war natürlich die Reindarstellung von Radium. In Zusammenarbeit mit dem Chemiker *André–Louis Debierne* gelang ihr schließlich 1910 die Darstellung des metallischen Radiums durch Elektrolyse einer Radiumchlorid-Lösung unter Verwendung einer Quecksilberkathode. Nachdem ihr dies gelungen war, wurde noch im selben Jahr auf dem Internationalen »Kongress für Radiologie und Elektrizität« die Maßeinheit »Curie« mit dem Symbol C für die radioaktive Strahlung festgelegt. 1 Curie wurde ursprünglich als die Aktivität von 1 Gramm Radium-226 definiert und entspricht $3{,}7.10^{10}$ radioaktiven Zerfällen pro Sekunde. Zur Bestimmung dieser Einheit stellte Frau Curie 22 Milligramm reines Radiumchlorid her. Diese befinden sich seither in einem Glasröhrchen, in einem dicken Bleisafe eingeschlossen, im »Bureau International des Poids et Mesures«, dem » Internationalen Büro für Maße und Gewichte« in Sèvres bei Paris."

„Gibt es diese Einheit auch heute noch?", erkundigte sich Colin.

„Nein." Der Lehrer schüttelte den Kopf. „nach der Einführung des Internationalen Einheitensystems wurde das Curie durch die SI-Einheit »Becquerel« Symbol Bq abgelöst, die gleich der Aktivität von einem Zerfall pro Sekunde ist. Daraus folgt, dass 1 Curie $3{,}7.10^{10}$ Bq entspricht."

„Hat Frau Curie nicht zwei Nobelpreise erhalten?", fragte Heidi.

„In der Tat", antwortete der Lehrer, „1911 erhielt Frau *Curie* den Nobelpreis für Chemie, der ihr für die Entdeckung des Poloniums und Radiums sowie für die Isolierung des Radiums zuerkannt wurde. Sie ist damit bis heute die einzige Frau und neben dem amerikanischen Chemiker *Linus Pauling* die einzige Wissenschaftlerin, die zwei Nobelpreise in zwei unterschiedlichen Fachgebieten erhalten hat. Leider konnte sie sich über den zweiten Nobelpreis nur wenig freuen, da ihr ein Verhältnis mit einem ehemaligen Mitarbeiter ihres Mannes nachgesagt wurde, ein Fall, der sich bald zu einen Skandal entwickelte."

„Waren die Franzosen damals so prüde?", fragte Dagmar.

„Nun, es muss erwähnt werden, dass ihr Bekannter noch verheiratet war, zwar unglücklich, aber eben verheiratet und das hatte das Ganze verschärft", erwiderte der Lehrer und erzählte uns dann, dass Frau *Curie* während des Ersten Weltkriegs mobile Röntgenanlagen organisierte und zusammen mit ihrer Tochter Irène an der Front im Sanitätsdienst tätig war. Nach dem Krieg unternahm Frau Curie weltweit zahlreiche triumphale Reisen, unter anderem auch in die USA. Im Weißen Haus wurde sie vom amerikanischen Präsident, ich glaube, er hieß *Harding* oder so, empfangen, der ihr eine symbolische Schatulle mit einem Gramm Radium überreichte, das durch Spenden finanziert wurde. Glücklich, aber erschöpft kehrte sie von ihrer Reise nach Frankreich zurück. Doch die aufopferungsvolle Arbeit, die endlosen Strapazen, die jahrelangen Entbehrungen, der Hunger, die schlaflosen Nächte und die Überanstrengungen zehrten zeitlebens an ihrer Gesundheit. Doch der Tod kam heimtückisch und still durch die unsichtbaren Strahlen, deren tödliche Wirkung damals nicht bekannt war. *Marie Curie* starb am 4. Juli 1934 in einem Schweizer Sanatorium an perniziöser Anämie, also Blutarmut. Sie wurde, wie viele andere Wissenschaftler vor ihr, ein Opfer ihrer eigenen Arbeit. Zwei Tage später wurde sie im Kreise ihrer Familie und der engsten Angehörigen im Familiengrab der Familie *Curie* in Sceaux, beigesetzt.

Der Lehrer machte eine Pause und erzählte uns dann, dass *Marie Curie* neben den beiden Nobelpreisen zahlreiche Ehrungen erfuhr. Unzählige Schulen, Institute, Stiftungen, Straßen und Universitäten, wie die »Universität *Pierre* und *Marie Curie*« in Paris, die »*Maria-Curie-Sklodowska*-Universität« in Lublin, Polen, und andere wurden nach ihr benannt. Das radioaktive Element der Protonenzahl 96, das von den amerikanischen Wissenschaftern um G.*T. Seaborg* 1944 erstmals künstlich hergestellt wurde, erhielt zu Ehren von *Marie* und *Pierre Curie* den Namen »Curium« mit dem chemischen Symbol »Cm«, das »m« im Symbol des chemischen Elements soll auf *Marie* hindeuten. Die größte Ehre wurde *Marie* und *Pierre Curie* zuteil, als 1995 ihre sterblichen Überreste in das Pariser »Panthéon« überführt wurden.

***

Damit war auch heutige Stunde zu Ende und es herrschte eine unheimliche Stille. Die ganze Stunde verlief auffallend ruhig und sogar Sven, der uns wegen seiner flegelhaften Äußerungen oft nervte, wurde nachdenklich. Wie grausam doch das Schicksal sein kann! Die Frau, der wir eine der wichtigsten naturwissenschaftlichen Entdeckungen verdanken, wurde ein Opfer ihrer eigenen Arbeit.

Ihre erste Tochter Irène heiratete 1926 den Physiker Frédéric Joliot. Beide erhielten 1935 den Nobelpreis für Chemie für die Entdeckung der »künstlichen Radioaktivität«.

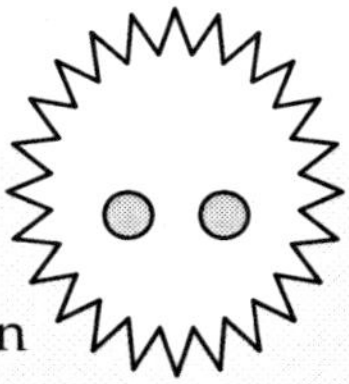

Marie Sklodowska Curie

Polnisch-französische Wissenschaftlerin
Geb. 7. Nov. 1867 in Warschau, gest. 4. Juli 1934 in Sancellemoz, Schweiz.
Entdeckte zusammen mit ihrem Mann *Pierre Curie* die natürliche Radioaktivität sowie 1898 die chemischen Elemente Polonium und Radium.

1903 Nobelpreis für Physik zusammen mit Pierre Curie und Henri Becquerel
1910 stellt sie zusammen mit dem Chemiker *André-Louis Debierne* metallisches Radium her
1911 Nobelpreis für Chemie
1945 wird das in den USA hergestellte Element 96 »Curium« genannt
1995 Überführung der sterblichen Überreste ins Panthéon

»Jedes Genie muss sich mal irren dürfen.«
Albert Einstein

Auch *Einstein* hat geschummelt

Heute sollten wir einen Einblick in das Leben und die Werke *Albert Einsteins* erhalten. Wir waren daher sehr neugierig auf den Unterricht, denn schließlich gehörte *Einstein* nicht nur zu den bekanntesten, sondern auch zu den ulkigsten wissenschaftlichen Persönlichkeiten. Das Bild mit den weit aufgerissenen Augen und der herausgestreckten Zunge, das er als Postkarte seinen Freunden und Bekannten geschickt hatte, war uns allen bekannt und wir fanden den Mann mit dem weißen Wuschelkopf, der sogar für Apple-Computer und für Coca Cola warb, ganz cool. Vor allem aber war mit dem Namen *Einstein* die uns nichtssagende, unverständliche und geheimnisvolle »Relativitätstheorie« verbunden, auf die wir alle sehr gespannt waren.

„*Einstein* gehört zweifellos zu den größten wissenschaftlichen Genies, ja das Nachrichtenmagazin *Times* aus den USA hat ihn sogar zum *Mann des Jahrhunderts* gewählt", begann der Lehrer den Unterricht, „aber seine Kindheit begann nicht gerade vielversprechend."

„Wer war *Einstein* eigentlich?", erkundigte sich Bianka.

„Na toll, lebst du denn auf dem Mond?", fragte Sven.

„Was weißt *du* schon über Einstein, du Querkopf?", hielt Bianka dagegen.

„Also", erzählte uns der Lehrer, „*Albert Einstein* wurde 1879 als Sohn einer bürgerlichen Familie jüdischen Glaubens in Ulm geboren. Der kleine, zarte *Albert* soll erst mit drei Jahren sprechen gelernt haben, aber sonst ein sehr lebhafter, kleiner

Junge gewesen sein und, wie alle Kinder, wollte er abends auch nicht ins Bett. So wird erzählt: Als ihn eines Abends seine Mutter zum x-ten Mal ins Bett brachte, wollte der Kleine nicht einschlafen, sondern rief immer wieder nach der Mutter: „Mama, ich habe Hunger"... „Mama, ich muss pinkeln".... „Mama, ich habe Durst." Da war sie mit ihrer Geduld am Ende und schrie ihn an: „Wenn du noch einmal Mama rufst, dann kannst du was erleben." Kaum hatte sich die Mutter aber wieder hingesetzt, ertönte es aus dem Kinderzimmer: „Frau *Einstein,* kann ich was zum Trinken haben?" Er war also ein ganz normales Kind und vor allem nicht auf den Mund gefallen."

„Der war ja eine richtige Nervensäge", stellte Judith fest.

„So sind halt Kinder", erwiderte der Lehrer schulterzuckend, „sie wollen eben immer ihren Dickschädel durchsetzen."

„Wie Sven", meinte Sofie grinsend.

„Halt die Klappe, Provinzbarbie", erwiderte Sven geistreich.

„Schon gut", meinte der Lehrer, „sein Dickschädel bereitete ihm aber später auch in der Schule Schwierigkeiten."

„Ich habe gehört, dass *Einstein* kein guter Schüler war und Mathematik überhaupt nicht mochte", warf Heidi ein.

„Ja, auf den ersten Blick stimmt das wohl", räumte der Lehrer ein, „sein ehemaliger Mathematiklehrer erzählte sogar, dass er ein großer Faulpelz war, der sich, zumindest in der Schule, für Mathematik kaum interessierte. Aber ein schlechter Schüler war er bestimmt nicht, denn der junge Albert wurde bereits mit sieben Jahren von seinem Onkel in Algebra und Geometrie unterrichtet. In der Schule war er daher in Mathematik und Physik immer gut und auch in anderen Fächern hatte er keine Probleme. Er hatte immer gute bis sehr gute Noten, allerdings hatte er eine große Abneigung gegen den schulischen Drill und stures Auswendiglernen. Statt Lateinvokabeln zu büffeln, widmete er sich lieber autodidaktisch der Algebra und der Geometrie, deren klare Gesetzmäßigkeiten ihn viel mehr faszinierten. Mit 15 Jahren soll er sich bereits mit der Infinitesimalrechnung befasst haben, dafür mochte er allerdings Latein nicht. Ohne Verständnis für ein solches Verhalten prophezeite sein Lateinlehrer, dass aus ihm nie etwas Ordentliches werden würde."

„Ich habe gehört, dass Einstein in der Schweiz studiert hat", fügte Joel hinzu.

„In der Tat verließ der junge *Albert* 1894 das Gymnasium, um seinen Eltern nach Mailand zu folgen. Ohne Abschluss konnte er aber nicht studieren und übersiedelte daher in die Schweiz. Hier versuchte er, sich an der Eidgenössischen polytechnischen Schule in Zürich einzuschreiben, fiel aber in der Aufnahmeprüfung in den humanistischen Fächern durch."

„Na toll, das war ja wirklich kein guter Start für ein Genie", meinte Colin.

„Das war es bestimmt nicht", stellte der Lehrer fest, „aber immerhin gelang es ihm, das Abitur nachzuholen und er konnte 1896, er war gerade 17 Jahre alt, schließlich sein Studium am Züricher Polytechnikum beginnen, wo er dann die Abteilung für Fachlehrer für Mathematik und Physik besuchte. Als Student war er aber auch nur mittelmäßig, er schwänzte viel, so soll sein Professor ihm den Rat gegeben haben, lieber Musik oder Literatur zu studieren, da er für Physik nicht tauge! Es muss jedoch erwähnt werden, dass er nicht faul war, sondern sich das Studium so einrichten wollte, wie es seinen Interessen entsprach. Statt langweiligen Vorlesungen zuzuhören, studierte er lieber zu Hause die Meister der theoretischen Physik und ergänzte dieses Studium durch die Lektüre philosophischer Autoren, wie *Spinoza, Kant* und vor allem *Mach*. An diesen Privatstudium nahm später auch die vier Jahre ältere serbische

Studentin *Mileva Marič* teil, zu der er sich bald sehr hingezogen fühlte."

„Die haben ja bestimmt nicht nur gelernt", stellte Marco grinsend fest.

„Nun, wie alle Männer", fuhr der Lehrer fort , „liebte es auch der junge *Albert*, sich mit Mädchen zu unterhalten, zu flirten, zu tanzen und über belangloses Zeug zu sprechen, er fühlte sich ihnen überlegen und das reizte ihn. Er war aber bestimmt kein trendy Typ und ohne Rhythmus zwischen den großen Zehen tanzte er auch den Charleston, der in Europa gerade im Kommen war, nur ungern. Leider kümmerte er sich auch nur wenig um sein Aussehen. So soll der schmächtige und blasse *Albert* meist mit langen zerzausten Haaren und, schludrig gekleidet, herumgelaufen sein, sodass die meisten jungen Mädchen es vermieden, sich mit ihm öffentlich zu zeigen. Auf solche Äußerlichkeiten achtete *Mileva* aber nicht und er erkannte bald, dass er in ihr eine Leidensgefährtin gefunden hatte, die ihm ebenbürtig, ja in manchem, sogar auch in Mathematik, überlegen war. Er war ein eigenwilliger, aber bescheidener, junger Mann, unentschlossen, zerstreut, der mehr in Träumen als in der Wirklichkeit lebte. So wird erzählt, dass, als *Einstein* eines Tages seinen Freund *M. Solovine* traf, ihn dieser erstaunt fragte, wieso er einen Doppelknoten in seiner Krawatte habe, *Einstein* geantwortet haben soll: ›Den hat mir *Mileva* gebunden, damit ich einen Brief in den Kasten werfe.‹ Als *Solovine* fragte, ob er den Brief eingeworfen habe, entgegnete *Einstein*: ›Nein, sie hat vergessen, ihn mir mit-zugeben.‹

„Ja, ja, der zerstreute Professor", meinte Bianka grinsend.

„Es ist ja nicht verwunderlich", meinte der Lehrer, „wenn einen ein Thema beschäftigt, konzentriert man sich darauf und vergisst quasi seine Umgebung."

„Wieso konnte *Mileva* mit ihm auskommen?", fragte Jana.

„Also, im Gegensatz zu *Einstein* war *Mileva* sehr zielstrebig und arbeitsfreudig. Sie erkannte aber sehr schnell seine geistigen Fähigkeiten und beschloss, ihm hilfreich zur Seite zu stehen. So studierten sie nun gemeinsam die Werke von *Newton, Maxwell, Helmholtz, Boltzmann, Hertz* und Anderen und abends saßen sie bei einem Glas Wein oder einem Bier zusammen und besprachen deren Werke."

„Hatten sie denn nichts Besseres zu tun?", fragte Marco.

„So ein Depp", meinte Susanne „was sollten sie denn deiner Meinung nach tun?"

„Sie hatten tatsächlich auch Besseres zu tun", erwiderte der Lehrer, „*Einstein,* der seit seinem sechsten Lebensjahr sehr gut Geige spielen konnte, ergötzte sie oft mit Musik von Mozart und Bach. Oft gingen sie auch in Konzerte oder in die Oper und, wie viele Studenten, kaufte er nur die billigsten Plätze, die er mit dem Geld bezahlte, das er sich vom Essen absparte."

„Der arme Kerl", fügte Claudia hinzu.

„So ist halt das Studentenleben, wie dem auch sei", fuhr der Lehrer fort, „bald entwickelte sich zwischen den beiden ein enges Liebesverhältnis."

„So ein Lustmolch", ergänzte Sven und grinste.

„Hör doch auf, du Querkopf, dem *Einstein* kannst du doch noch lange nicht das Wasser reichen", bemerkte Wolfgang.

„Jeder ist mal verliebt und als Einstein in den Ferien seine Eltern in Italien besuchte, merkte er, wie stark er an *Mileva* hing", fuhr der Lehrer fort und erzählte, dass er ihr unzählige Briefe geschrieben habe, die von *Mileva* ebenso fleißig beantwortet wurden. Sie redeten sich mit den seltsamsten Spitznamen, wie Schnoxl, Schatzerl, Doxerl, Schätzchen, Johonzel, Jonzl und so weiter, an und schickten sich brieflich süße Liebesküsse und viele Busserl. Als die Zeit des Wiedersehens nahte, schrieb sie ihm voller Sehnsucht ›... sei tausendmal gebusselt, mein süßes Schatzerl, und komm recht lustig Ende der Woche zu deinem Weiberl‹, worauf er ihr antwortete: ›... mach dir nur keine Sorgen, mein liebes Schätzchen, und sei vergnügt, am Sonntag küss ich dich mündlich.‹

„Ich hätte nicht gedacht, dass *Einstein* so liebevoll gewesen ist, mich hat noch niemand Schätzchen genannt", meinte Heidi und grinste.

„Oh, mein Schätzchen, mein Schnoxl", tönte es jetzt aus der Klasse und alle lachten.

„Zufrieden?", fragte der Lehrer. Heidi errötete und nickte „Ja, ja", dann fuhr der Lehrer fort, „natürlich kam bei ihren Liebesgeschmuse die Arbeit nicht zu kurz. Eines Morgens, als *Albert* unrasiert und mit zerzausten Haaren, in Gedanken verloren beim Frühstück in seinen Spiegeleiern herumstocherte, *Mileva* ihre Haferflocken würgte und die beiden sich über *Newtons* Werke unterhielten, soll *Albert Mileva* gefragt haben: ›Glauben Sie nicht auch, dass *Newton* in einigen Punkten irrt?‹."

„Waren sie denn per Sie", wunderte sich Susanne.

„Ja", erwiderte der Lehrer, das sei damals so üblich gewesen, und dann erzählte er uns, dass bei dieser Frage jeder vor Entrüstung an die Decke gegangen wäre. *Isaak Newton*, der Entdecker der Gravitation, der Begründer der klassischen Physik, war das Genie schlechthin, war die Koryphäe am Himmel der Physik. An *Newton* zu zweifeln, war nicht nur ungeheuerlich, sondern kam einer Anmaßung, ja einer Gotteslästerung gleich und wurde als Spinnerei abgetan. Doch *Mileva* war nicht überrascht, sie verschüttete nicht einmal ihre Haferflocken, sondern sah ihn nur lange an und sagte leise: ›Schon möglich‹ und aß ruhig weiter.

„Worin soll *Newton* sich geirrt haben?", wollte Wolfgang wissen.

„Nun, nach *Newton* waren Raum und Zeit allgemeine und unveränderliche Größen des Universums. *Einsteins* Meinung jedoch war, dass weder Raum noch Zeit absolut sind, sondern dass Raum und Zeit sich verändern, wenn die Dinge sich verändern, also zum Beispiel beschleunigt werden, ja sie verschwinden sogar, wenn die Dinge verschwinden."

„Wow!" Jetzt waren wir alle von den Socken und schauten ziemlich dumm aus der Wäsche, denn verstanden hatten wir das natürlich nicht.

„Hatte *Einstein* mit seiner Meinung Recht?", wollte Joel wissen.

„Ja", entgegnete der Lehrer, „nur war es noch ein langer, steiniger Weg, bis er den Beweis dazu erbringen konnte. Denn wie alle anderen hatte auch er persönliche und familiäre

Schwierigkeiten. Nach Abschluss des Polytechnikums in Zürich 1900 begann nämlich auch für *Einstein* die mühsame Suche nach einem Job. So musste er verschiedene Aushilfsstellen annehmen, bis er schließlich 1902 als technischer Experte und sogar dritter Klasse beim Patentamt in Bern landete. Bei der Durchsicht der Patentanträge wird er sich wohl oft gefragt haben, ›wieso bin ich nicht drauf gekommen?‹ Allerdings hatte auch er mehrere Patente angemeldet, trotzdem konnte ihn dieser Job freilich nicht ausfüllen, immerhin hatte er aber hier nun genügend Zeit, sich seinen wissenschaftlichen Arbeiten zu widmen. So soll er immer dann, wenn sein Chef kam, seine Arbeiten in einer Schublade verborgen und, sobald die Luft wieder rein war, weiter daran gearbeitet haben."

„War *Einstein* verheiratet und hatte er Kinder?", wollte Judith wissen.

„Bald-Bräute", entgegnete Sven, „denken immer nur ans Gleiche."

„Schnösel!", kam die Antwort prompt.

„Ja", erwiderte der Lehrer, „aus der Liebe zu *Mileva* kam 1902 eine uneheliche Tochter, *Lieserl,* zur Welt, von der man jedoch nichts mehr gehört hat. Sie wurde vermutlich von ihren Großeltern adoptiert. Ein Jahr später heiratete er *Mileva,* mit der er dann noch zwei Söhne hatte. Seinen Kindern war er zunächst ein sehr liebevoller und fürsorglicher Vater. Seine Arbeiten hatten aber immer Vorrang. So wird über *Einstein* erzählt, dass, als *Mileva* eines Tages nach Hause kam, sie ihren Mann fand, einen Sohn im linken Arm haltend, mit der rechten Hand Pfannkuchen backend, mit einem Bein den Kinderwagen mit dem Baby schaukelnd und gleichzeitig *Plancks* Quantentheorie lesend. Dass dabei die Pfannkuchen anbrannten, störte ihn weniger."

„Das könnte ich bestimmt nicht", stellte Lydia fest.

„Das glaube ich gerne", meinte der Lehrer, „wenn ich zwei Kinder zu beaufsichtigen hätte, könnte ich nicht einmal konzentriert Zeitung lesen."

„Wofür hat *Einstein* eigentlich den Nobelpreis erhalten?", wollte Colin wissen.

„Nun", antwortete der Lehrer, „allgemein wird angenommen, dass *Einstein* den Nobelpreis für seine Relativitätstheorie erhalten hat. Dem ist aber nicht so."

„Das habe ich auch gedacht", meinte Sofie.

„Ich auch", ergänzte Chris.

„Nun, da habt ihr euch wohl beide geirrt", erwiderte der Lehrer und erzählte uns, dass Einstein bereits im Jahre 1905, gerade 26 Jahre alt und noch immer beim Patentamt angestellt , einige seiner wichtigsten Werke veröffentlichte. Ja, man spricht sogar vom »Annus mirabilis«, dem »Wunderjahr« der Physik. So erschien im März 1905 in den Annalen der Physik eine Arbeit über den »Photoelektrischen Effekt«, in der er die Hypothese aufstellte, dass die elektromagnetische Strahlung, also auch das Licht, aus Lichtquanten bzw. Photonen besteht. Leider wurde seine »Lichtquanten-Hypothese« erst knapp zehn Jahre später experimentell nachgewiesen und von der Fachwelt anerkannt. Ende April reichte er an der Universität Zürich seine Dissertation ein mit dem Titel: »Eine neue Bestimmung der Moleküldimensionen«, für die er 1906 den Doktortitel erhielt, weswegen er sich von nun an Doktor der Physik nennen durfte. Im Mai 1905 des gleichen Jahres folgte eine Arbeit über die »Brownsche Molekularbewegung«, in der er den Beweis der atomaren Struktur der Materie erbrachte. Im Juni reichte er eine Abhandlung »Zur Elektrodynamik bewegter Körper« ein, in der er eine Neufassung der Begriffe Raum und Zeit einführte, die auf der Konstanz der Lichtgeschwindigkeit als Grenzgeschwindigkeit beruhte. Die Arbeit erschien im September 1905 und schon am nächsten Tag schickte er einen Nachtrag über die »Abhängigkeit eines Körpers von seinem Energieinhalt« ein, in dem zum ersten Mal die wahrscheinlich berühmteste Formel der Welt, $E = m.\ c^2$, enthalten war. Mit diesen beiden Arbeiten begründete *Einstein* die »Spezielle Relativitätstheorie«.

„Sagen Sie uns jetzt bitte, was versteht man unter der Relativitätstheorie?“, wollte Wolfgang wissen und die Klasse stimmte kopfnickend zu.

„Ja, aber bitte so, dass wir es auch verstehen können“, ergänzte Sven.

„Dann schalte doch deinen Denkapparat ein oder lass ihn vom TÜV überprüfen“, meinte Colin und alle lachten.

„Wie ich schon sagte“, fuhr der Lehrer fort, „sind Raum und Zeit also relativ, denn sie existieren nur in Beziehung zu den Dingen.“

„Was soll das heißen?“, fragte Chris.

„Nun, das heißt, dass die Zeit von der Geschwindigkeit des Objektes abhängig ist. So läuft zum Beispiel die Zeit in einem Raumschiff umso langsamer ab, je schneller sich das Raumchiff bewegt. Ein Raumfahrer, der bei seinem Start ins Weltall seinen kleinen Sohn zurücklässt, würde, wenn er lange genug unterwegs war, bei der Rückkehr seinen Sohn als alten Mann wiedersehen, obwohl er selbst kaum gealtert wäre. Raum und Zeit bilden also eine Einheit, ein Ganzes, und verschmelzen zu einer Geometrie mit vier Dimensionen: Drei für den Raum und eine für die Zeit.“

„Ich versteh nur Bahnhof“, ergänzte Bianka und sah den Lehrer fragend an.

„Das glaube ich“, meinte der Lehrer, „denn kein menschliches Gehirn ist imstande, diese vierdimensionale Raum-Zeit-Welt wahrzunehmen. Und ihr könnt mir glauben, auch Einstein konnte sie sich nicht vorstellen.“

„Dann bin ich ja beruhigt“, meinte Joel lächelnd.

Dann erzählte uns der Lehrer, dass Einstein trotz des Ruhmes seinen Humor nicht vergessen hatte. Als er eines Tages von einer neugierigen Dame gefragt wurde, was Relativität eigentlich sei, soll er geantwortet haben: ›Wenn man zwei Stunden mit einem Mädchen zusammensitzt, meint man, es wäre eine Minute. Sitzt man jedoch eine Minute auf einem heißen Ofen, meint man, es wären zwei Stunden. Das ist Relativität.‹

„Das war ja schon ein Witzbold“, meinte Judith schelmisch wir mussten alle lachen, denn nun konnten wir uns besser vorstellen, was Relativität bedeutet.

„Das war ja die schöne Seite des Wissenschaftlers, der trotz all seiner großartigen Leistungen ein ganz normaler Mensch geblieben ist“, erzählte der Lehrer.

„Gibt es in Einsteins Theorie nichts Absolutes?“, wollte Wolfgang wissen.

„Doch, denn etwas Absolutes braucht der Mensch und in *Einsteins* Universum ist es die Lichtgeschwindigkeit im Vakuum“, erklärte der Lehrer, „nichts ist schneller als das Licht, es hat die höchste mögliche Geschwindigkeit. Die Lichtgeschwindigkeit ist daher eine universelle Konstante, die in *Einsteins* weltberühmter Gleichung $E = m \, . \, c^2$ das Verhältnis von Masse zu Energie bestimmt.“

„Was sagt uns diese Formel eigentlich?“, fragte Wolfgang.

„Nun“, meinte der Lehrer, „diese Formel von der Äquivalenz von Masse und Energie besagt, dass jedem Stückchen Materie eine gewaltige Energie entspricht, dass also Masse in Energie und umgekehrt verwandelt werden kann.“

„Hat diese Formel auch praktische Anwendungen?“, fragte Colin.

„Ja, Physiker können heute durch Kollisionen von Lichtteilchen, den Photonen, Materieteilchen erzeugen und auch beim

Urknall soll durch Umwandlung von Energie in Masse unser Universum entstanden sein. Andersherum kann Masse in Energie umgewandelt werden, so wird zum Beispiel beim Aufeinandertreffen eines Teilchens mit einem Antiteilchen, also zum Beispiel ein Proton mit einem Antiproton, Energie, sogenannte »Vernichtungsenergie«, abgegeben, wobei die beiden Teilchen verschwinden. Auch bei Atombomben wird durch Kernspaltung des Urans ein kleiner Teil der Uranmasse in Energie umgewandelt mit verheerender Wirkung."

Nachdem wir alle still waren, um dies alles zu verarbeiten, fuhr der Lehrer fort: „Aufgrund seiner Arbeiten wurde *Einstein* 1909 Professor für Theoretische Physik in Prag, später in Zürich, und konnte endlich seine Arbeit am Patentamt aufgeben. 1914 holte ihn dann Max Planck nach Berlin, wo er Professor und Direktor des »Kaiser-Wilhelm-Instituts«, dem heutigen »Max-Planck-Institut«, wurde. Hier konnte er sich schließlich ganz der Forschung widmen. Das Resultat dieser Forschungen war die »Allgemeine Relativitätstheorie«, die 1915 fertiggestellt und ein Jahr später veröffentlicht wurde. In dieser Arbeit, die als die größte Kulturleistung des 20. Jahrhunderts angesehen wurde, beschreibt *Einstein* die Massenanziehung, also die Gravitation, als eine Folge der Krümmung des Raumes. Als dann 1919 bei einer totalen Sonnenfinsternis bestätigt wurde, dass das Licht von Fixsternen tatsächlich von der Sonne abgelenkt wird, wurde *Einstein* über Nacht weltberühmt und wie ein Popstar verehrt."

Dann erzählte uns der Lehrer, dass, als *Einsteins* Kinder ihn fragten, warum er so berühmt sei, er geantwortet haben soll: ›Wenn ein Käfer über eine Kugel krabbelt, merkt er nicht, dass sein Weg gekrümmt ist. Ich aber hatte das Glück, es zu merken.‹

„Das war ja typisch Einstein", bemerkte Sofie.

„Was ist nun mit dem Nobelpreis?“, wollte Jana wissen.

„Also“, meinte der Lehrer, „bereits seit 1908 war *Einstein* ständig für den Nobelpreis im Gespräch, doch er hatte große Gegner, die seine abstrakten Theorien nicht verstanden hatten und ihm diesen Preis verweigerten. Erst 1921, nachdem *Einsteins* Ruhm nicht mehr geleugnet werden konnte, einigte man sich, ihm den Nobelpreis zu verleihen, allerdings nicht für seine Relativitätstheorie, die noch viele Kritiker hatte, sondern ausdrücklich für seine Forschungen über den »Photoelektrischen Effekt«. Welchen Anteil seine Frau *Mileva* an diesen Arbeiten hatte, ist leider nicht bekannt, da alle Originale spurlos verschwunden sind. Immerhin hat *Einstein*, aus welchen Gründen auch immer, das erhaltene Preisgeld *Mileva*, von der er seit 1919 geschieden war, und seinen Kindern geschenkt.“

„Das haben wir nicht gewusst, das war ja sehr schön von ihm“, meinte Heidi.

„Danach wandte sich *Einstein* der Kosmologie zu“, fuhr der Lehrer fort und erzählte uns dann, dass ab dem 20. Jahrhundert, nachdem viele Fragen über unsere Welt geklärt schienen, die Wissenschaftler bemüht waren, auch die letzten Geheimnisse unseres Universums zu lüften. So stellten sie sich erneut die wichtigste aller Fragen, welche die Menschheit schon seit der Antike bewegte: »Ob das Universum endlich oder unendlich sei«. Dabei wechselten sie ihre Meinungen wie die Hemden.

„Wieso wechselten sie ihre Meinungen ständig?“, fragte Jana.

„Nun“, erwiderte der Lehrer, „da es an Beweisen fehlte, wurde jede neue Überlegung als richtig angesehen und das so lange, bis sie widerlegt wurde. So war das Weltall mal endlich, mal unendlich, eine Meinung, die übrigens auch von den Kirchen vertreten wurde, denn bei einem endlichen Universum wäre unwillkürlich die Frage aufgetaucht, was denn dahinter sei. Eine gegenteilige Begründung, die man durchaus nachvollziehen kann, war, dass das Weltall nicht unendlich sein kann, weil es im Weltall dunkel ist."

Wir schauten den Lehrer erstaunt an, denn dieses Argument konnten wir nicht nachvollziehen.

„Was hat das damit zu tun?", fragte René.

„Nun", meinte der Lehrer, „die Erklärung ist einfach, wenn das Weltall unendlich wäre, dann gebe es unendlich viele Sterne, die wiederum unendlich viel Licht aussenden. Bei unendlich vielem Licht aber kann es im Weltall nicht dunkel sein."

„Na klar, logisch", meinte Chris.

„Was hatte *Einstein* damit zu tun?", fragte Judith.

„*Einstein* wäre nicht *Einstein* gewesen", erwiderte der Lehrer, „wenn er dieser Frage nicht nachgegangen wäre. So vertrat auch er, wie viele andere damals, die Meinung eines ewigen, unendlichen und unveränderlichen Universums und grübelte über eine Formel, die den Beweis dazu erbringen sollte. Die Frage aber, ob angesichts der bestehenden Gravitationskräfte ein unveränderliches oder ein statisches Universum überhaupt existieren können, ohne in sich zusammenzufallen, machte ihm schwer zu schaffen."

„Weshalb würde so ein Universum zusammenfallen?", fragte Niels.

„Das könnt ihr leichter verstehen, wenn ihr euch das Universum als einen aufgeblasenen Luftballon vorstellt. Der Luftballon behält seine Gestalt aufgrund zweier Kräfte, die sich im Gleichgewicht befinden: einerseits die elastische Kraft des Gummiballons die ihn zusammenzieht, die den Gravitationskräften im Universum entspricht, andererseits die Kraft des Luftdrucks im Inneren des Ballons, die nach außen drückt. Für diese Kraft gibt es in einem statischen Universum jedoch kein Äquivalent. Daraus müssen wir den Schluss ziehen, dass ein statisches Universum in sich zusammenfallen müsste."

„Das heißt also, dass der Himmel herunterfallen würde?", fragte Edi lachend.

„Genau, diese Meinung ist in einigen Orten sehr stark vertreten, so spricht man zum Beispiel in China von den ängstlichen Leuten von Qi, die angeblich vor lauter Angst, dass der Himmel herabfallen könnte, sogar zu essen vergaßen, und über die Gallier wird erzählt, dass sie ständig mit der Angst lebten, dass ihnen der Himmel auf den Kopf fällt", ergänzte der Lehrer grinsend.

„Ist das denn wahr, oder wollen Sie uns wieder veräppeln?", fragte Marco.

„Das weiß ich nicht, inwieweit das wahr ist, ich war ja noch nie in China", gab der Lehrer zu und erzählte uns dann, dass *Einstein* sich vor Verzweiflung die zerzausten Haare gerauft haben und tagelang im Zimmer auf und ab gelaufen sein soll, während er überlegte, wie er dieses Problem denn lösen könnte. Seine Stimmung sank auf einen Tiefpunkt und, in Erregung geraten, tat er etwas, was ihm niemand zugetraut hätte. Stur auf den Gedanken eines statischen Universums beharrend, kam er auf die seltsame Idee, dass seine Gravitationstheorie ergänzt werden müsste, und fügte in seine Feldgleichung eine künstliche kosmologische Konstante ein, die eine scheinbare Stütze für das Himmelsdach liefern sollte. Dass er diesmal über das Ziel hinausgeschossen war, erkannte er spätestens, nachdem der Astronom *Edwin Hubble* die Expansion des Universums nachweisen konnte und damit die Theorie des statischen Universums widerlegt hatte. Damit erwies sich Einsteins kosmologische Konstante als unbegründet und falsch. Um sich nicht zu blamieren, soll er ganz still und heimlich die Konstante aus seiner Gleichung wieder entfernt haben.

„Geht das so einfach?", wollte Wolfgang wissen.

„Natürlich nicht", erwiderte der Lehrer, „aber mit der Theorie des Urknalls wurde später nachgewiesen, dass das Universum tatsächlich endlich war und stetig expandiert und das *Einsteins* »geschummelte Formel« eine Niete war. Durch seine Sturheit hatte er allerdings die einmalige Gelegenheit verpasst, die Expansion des Universums vorherzusagen, und verärgert soll er sich geschworen haben, den Rest seines Lebens nie wieder Petunien zu riechen."

„Das ist ja ein Ding", meinte Judith, „aber wieso wollte er keine Petunien mehr riechen?"

„Das weiß ich leider nicht", bekannte der Lehrer und erzählte uns dann, dass *Einstein* später zugegeben haben soll, dass dies der größte Schnitzer seines Lebens gewesen sei, und zum ersten Mal nach seiner Scheidung bedauerte er, dass *Mileva* nicht bei ihm gewesen war. Mit ihr wäre ihm so etwas nie passiert, denn wie er meinte, ›war sie ja so ein gescheites Luder‹.

„Ja, ohne Frauen geht es nicht", meinte Bianka lachend.

„Bla, bla, bla", erwiderte Sven, „ihr seid ja gar nicht eingebildet."

Nach einer kleinen Pause fuhr der Lehrer fort und erzählte uns, dass *Einstein* nach der Machtergreifung der Nazis 1933 von einer Reise in die USA nicht mehr zurückkehrte, amerikanischer Staatsbürger wurde und seine Arbeiten am »Institute for Advanced Studies« in Princeton weiterführte. Im Jahre 1939 wurde *Einstein* von Freunden gedrängt, einen Brief an Präsident *T. D. Roosevelt* zu unterschreiben, in dem er um Unterstützung zur Erforschung nuklearer Reaktionen gebeten wurde. Mit diesem Brief wurde das Atomzeitalter eingeläutet, das mit dem Abwurf der Atombomben auf Hiroshima und Nagasaki im Zweiten Weltkrieg gipfelte und Tausenden von Menschen den Tod brachte.

„Wieso hat er besagten Brief unterschrieben?", fragte Joel.

„Damals bestand die Sorge, dass die Nazis die Atombombe bauen könnten und Einstein wollte, dass die USA dem zuvorkommen. Er hat übrigens diesen Brief später tief bereut."

Der Lehrer erzählte uns dann noch, dass *Einstein* im Jahre 1945 mit 66 Jahren in den Ruhestand trat. Sein Büro am Institute in Princeton konnte er jedoch weiter behalten und dort arbeitete er auch weiter an einer einheitlichen Feldtheorie. Sein ganz großer Traum, die »Weltformel«, die elektromagnetische Kraft und Gravitation vereint, blieb ihm jedoch verwehrt, er fand sie bis zu seinem Tode nicht. Nach dem Tode von *Chaim Weizmann*, des ersten Präsidenten des Staates Israel im Jahre 1952, wurde *Einstein* dieses Amt angeboten, das er allerdings ablehnte. Wegen einer Leberzirrhose und eines Darmleidens wurde er 1955 in das Hospital von Princeton eingeliefert, wo er am 18. April im Alter von 76 Jahren am Riss der Hauptschlagader, also der Aorta, verstarb. Kurz bevor er seine Augen für immer schloss, soll er noch einige Worte auf Deutsch gemurmelt haben. Da die Krankenschwester jedoch kein Deutsch verstand, sind *Einsteins* letzte Worte für immer verloren.

„Schade", meinte Chris, „vielleicht hatte er ja noch eine wichtige Botschaft."

„Ja, nun bleiben seine letzten Worte leider ein ewiges Geheimnis." Dann erzählte uns der Lehrer, dass, als die Nachricht über seinen Tod verkündet wurde und die sensationsgierige Presse das Krankenhaus stürmte, die Journalisten erfahren mussten, dass über *Einsteins* Tod nichts Sensationelles zu berichten war. Die Krankenschwester, die ihn betreut und ihn als Letzte lebend gesehen hatte, meinte lapidar: ›Er seufzte zweimal und verschied.‹ Noch zu seinen Lebzeiten hatte er verfügt, nach seinem Tode verbrannt zu werden, doch bei der Autopsie soll der Pathologe ohne der Erlaubnis der Familie das Gehirn entfernt, ein anderer soll seine Augen behalten haben.

Dann wurde er verbrannt und seine Asche von seinen Freunden auf den Feldern verstreut. Die Untersuchung des Gehirns offenbarte keine Auffälligkeiten, kein Superhirn, das ihm den Kopf zur Seite gezogen hätte, keine außergewöhnlichen Intelligenzmerkmale, nur in der linken Hemisphäre, im motorischen Sprachzentrum, also dort, wo vermutlich die Mathematikbegabung gesteuert wird, soll eine überhöhte Anzahl von Gliazellen gefunden worden sein. Sonst nichts und somit bestätigt sich das, was *Einstein* noch zu seinen Lebzeiten sagte: ›Ich war nicht besonders begabt, sondern immer nur sehr neugierig.‹

Zur Person des Physikers fügte der Lehrer noch hinzu: „*Einsteins* Leben schwankte zwischen Genie und Kultfigur. Er wurde jedoch nicht zum Popstar gemacht, er wollte es sein. Ein Frauenheld in jungen Jahren, ein Sinnbild von Weisheit und Intelligenz im Alter, das durch die herausgestreckte Zunge zum Idol einer ganzen Generation wurde."

Schließlich ergänzte der Lehrer, dass das Jahr 2005, also das einhunderste Jubiläum seiner größten Erfolge, zum *Einsteinjahr* ausgerufen wurde.

***

Damit war die Stunde zu Ende und auch wenn die Relativitätstheorie für uns noch immer ein Geheimnis geblieben ist, so hatten wir doch einen interessanten Einblick in das Leben eines der größten Wissenschaftlers aller Zeiten erhalten. Und das war toll.

Zum Schluss ließ der Lehrer es sich nicht nehmen, uns noch ein Nachwort *Einsteins* vorzulesen:

*„Liebe Nachwelt,
wenn ihr nicht gerechter, friedlicher und überhaupt vernünftiger sein werdet, als wir sind, beziehungsweise gewesen sind, so soll euch der Teufel holen!"*

Albert Einstein

Amerikanisch-schweizerischer Physiker deutsch-jüdischer Herkunft.

Geb. 14. März 1879 in Ulm, gest. 18. April 1955 in Princeton /N.Y.

Er veröffentlichte zeit seines Lebens mehrere Hundert wissenschaftliche Arbeiten u.a.

1905 in den *Annalen der Physik* erscheinen fünf Arbeiten:

- *Eine neue Bestimmung der Moleküldimensionen*
- *Über einen die Erzeugung und Verwandlung des Lichtes betreffenden heuristischen Gesichtspunkt*
- *Eine Theorie über die Brownsche Bewegung*
- *Zur Elektrodynamik bewegter Körper*: über die Prinzipien der Speziellen Relativitätstheorie
- *Über die Abhängigkeit der Trägheit eines Körpers von seinem Energieinhalt*; aus der die berühmte Formel der Äquivalenz von Masse und Energie $E = m \cdot c^2$ stammt

1915 *Allgemeine Relativitätstheorie*; die Gravitation ist di Folge einer Krümmung des Raumes

1917 *Moderne theoretische Kosmologie*

1921 Er erhält den *Nobelpreis* für Physik

1925 Vorhersage der *Einstein-Kondensation*

1932 Eine *Theorie des Universums*

1939 Brief an Präsident *Roosevelt* über die Möglichkeit des Baus einer Nuklearbombe

1955 Das chemische Element 99 wird »Einsteinium« genannt

Nachwort

Liebe Leserinnen und Leser,

bei der Lektüre dieses Buches haben Sie einige Einblicke in das Leben und Wirken früherer und neuzeitlicher Denker, Forscher und Wissenschaftler erhalten. Zugegeben, diese Lektüre war nicht leicht, und obwohl viele Fragen geklärt wurden, sind gleichzeitig viele neue Fragen aufgetaucht. Damit bestätigt sich wieder einmal der Spruch: »Je mehr ich weiß, umso deutlicher erkenne ich, wie wenig ich weiß.«

Dieses Buch soll aber keineswegs den Physik- oder Chemieunterricht ersetzen, sondern soll diesen mit einigen humoristischen Einlagen ergänzen und Sie zum Nachdenken bringen.

Theoretische Abhandlungen oder gar mathematische Ableitungen und Gleichungen wurden bewusst vermieden, aber Wissenschaft ist nun mal Wissenschaft und so konnte auf bestimmte Begriffe nicht verzichtet werden. Zögern Sie daher nicht, Ihren Physik- oder Chemielehrer all das zu fragen, was Sie nicht verstanden haben, und versuchen Sie, sich aus der breiten Literatur über die besprochenen Themen weiter zu informieren.

Unabhängig von Ihrer Begabung werden auch Sie mit Fleiß und Ausdauer mit Sicherheit den Einstieg in die komplexe Welt der Naturwissenschaften meistern. Denken Sie deshalb an die Worte des großen Physikers *Albert Einstein*: „Ich war nicht besonders begabt, aber immer sehr neugierig."

Nun, Neugier steht immer am Anfang eines Problems, das wir lösen wollen und schließlich besteht ja auch die Liebe zu dreiviertel aus Neugier, wie bereits Giacomo Casanova im 18. Jahrhundert schrieb.